비트 코인이
금화가 된다

비트코인이 금화가 된다

| 당신의 부를 늘려줄 가상화폐 |

이시즈미 간지 지음 | 이해란 옮김

국일증권경제연구소

비트코인이란 인공지능 시대의 컴퓨터 덕분에 탄생한 가상화폐다. 일본에서 비트코인은 단순한 투기 상품이라는 인상이 강해서 2017년 3월, 비트코인 값이 처음으로 금 1온스[1]의 값을 넘어섰을 때 온 나라가 떠들썩했다.

하지만 비트코인이 투기 상품에 불과하다는 생각은 완전한 오판이다. 2017년 3월에 벌어진 일은 역사적이라고 할 만한 일대 사건이었기 때문이다. 유구한 인류 역사 속에서 유일하게 보전되어 온 금이라는 자산의 가치를 가상화폐가 넘어섰다. 역사적으로 봐도 금 이외의 특정 화폐가 오래 보전된 사례는 거의 전무하다.

실제로 제2차 세계대전 이전에 일본에서 사용하던 화폐는 이

---

1) 금 1온스(ounce)는 31.1035그램, 약 8.3돈이다.

5

미 사라졌다. 전쟁 전에 자신의 성 안에다가 화폐를 산더미처럼 쌓아 두었던 대부호는 전쟁 후 값이 10,000분의 1 이하로 떨어진 종잇조각을 산더미만큼 가진 사람이 되었다. 전쟁 전이라고 해 봐야 70년 남짓 지났을 뿐이건만 그사이 화폐가 휴지 조각으로 전락한 것이다. 바로 이것이 역사의 현실이다.

지금 대부분의 일본 사람은 일본 중앙은행인 일본은행이 발행하는 엔화를 제일 믿음직하고 가치 있는 화폐라고 여기는 것 같다. 유감스럽게도 이 책은 그런 생각은 오해이며, 그저 환상에 지나지 않는다는 사실을 명확히 밝히고자 한다.

가령 일본에서 '엔(円)'이라는 화폐가 가치를 상실했다고 치자. 만약 돈을 달러 지폐로 잔뜩 모아 둔 사람이 있다면 어떻게 될까? 혹은 유로 지폐로 모은 사람이 있다면? 다른 지폐도 엔과 함께 종잇조각으로 변할까?

그렇지는 않다. 엔이 가치를 상실했다고 해서 달러나 유로의 가치도 사라진다고 할 수는 없다. 오히려 더 높아질 가능성도 있다. 이것은 전부 가능성의 문제이기 때문에 달러, 유로, 파운드 등 여러 종류의 지폐를 많이 모아 둔 사람은 다른 화폐의 가치가 떨어졌을 때를 대비하여 안전한 저축을 한 셈이 된다.

단, 지폐에는 결점이 있다. 화재가 발생하거나 홍수가 나면 끝장이라는 점이다. 지폐는 종이에 인쇄된 화폐이므로 당연하다. 그러면 아예 인터넷 공간에 모을 수 있는 화폐가 있다면 어떨까? 지폐보다 훨씬 안전하지 않을까?

'비트코인'은 이런 발상에서 나왔다.

일례로 일본보다 가상화폐 선진국이라고 할 수 있는 아프리카 국가들에서는 엠페사[2]라는 가상화폐를 각자의 휴대전화에 저금한다. 끝없이 펼쳐지는 초원에 은행 지점을 여럿 내기가 쉬운 일은 아니다 보니 도리어 가상화폐가 더욱 활발히 사용되고 있다.

물론 엔이든 달러든 요즘 세상에 지폐를 서랍에다 보관하는 사람은 없을 것이다. 대부분의 사람은 돈을 은행에 맡기고 현찰이 아닌 계좌에 찍힌 숫자로 예금액을 파악한다. 하지만 비트코인은 밑바탕에 깔린 사고방식 자체가 다른 화폐다. 비트코인을 이용하면 은행 계좌가 없어도 입출금, 저금, 송금이 모두 가능하다.

비트코인은 인공지능 시대에 컴퓨터가 만든 가상화폐의 일종이다. 이미 파산했지만, 도쿄 시부야 중심가에 있던 그 비트코인 거래소[3]에서 만들어 낸 상품 따위가 결코 아니다.

---

2) M-Pesa는 케냐의 통신사 사파리콤과 남아프리카 공화국의 통신사 보다콤의 휴대전화를 이용한 비접촉식 결제, 송금, 소액 금융 등을 제공하는 서비스이다.

3) 세계 최대 비트코인 거래소였던 마운트곡스(Mt. Gox)를 가리킨다. 마운트곡스는 내부 비리로 막대한 손실을 보고 결국 파산했다.

한번 생각해 보라. 장기나 바둑을 두는 기사는 항상 인간이었다. 인간이 단수를 올리면 올릴수록 상금을 탈 기회가 늘고, 상금 액수도 커졌다. 그런데 이제 인공지능이 인간보다 능수능란하게 장기며 바둑을 두는 시대가 왔다. 언젠가는 인공지능이 상금까지 타게 될지 모른다. 작곡가의 일도 컴퓨터 인공지능이 야금야금 빼앗고 있다. 지금까지는 인간만이 작곡으로 저작권료를 벌었으나 머지않아 인공지능이 만든 곡이 대히트를 쳐서 큰돈을 버는 시대가 올 것이다. 그렇다면 인공지능 시대에 만들어진 화폐를 온 세상 사람이 신뢰하는 시대가 오더라도 이상할 턱이 없다. 그것이 비트코인이다.

모든 가능성은 열려 있다. 바라건대 단기적으로 생각하지 마시기를. 인공지능 시대는 우리의 가치관을 백팔십도로 바꿀지도 모른다. 국가 정부가 화폐 발행을 독점하는 허황된 체제가 근본적으로 무너질 가능성마저 존재한다.

그럼에도 많은 일본인이 비트코인은 투기 상품이라 영 수상쩍으며 비트코인을 취급하는 회사는 언제든 도산할 수 있다고 믿는다. 나는 그 믿음을 철저히 깨부수기 위해 이 책을 썼다. 부디 선입견을 버리고, 예상되는 미래의 변화를 내다봐 주셨으면 좋겠다.

장차 다가올 시대에 살아남을 자는 미래 변화에 대응할 줄 아는 사람일 수밖에 없다. 역사를 돌아보면 무수히 많은 사람이 미처 예상치 못한 시대 변화에 휩쓸려서 푹 고꾸라졌다. 나는 여러분이 그런 흐름에 휘말리지 않기를 진심으로 바란다.

문득 정신을 차렸더니 가상화폐를 휴대전화에 저금한 아프리카 사람들은 살아남고, 엔이나 달러, 혹은 유로 같은 국가화폐를 은행 계좌에 저금한 일본인은 빈털터리로 사라지는 시대가 올지 누가 알겠는가? 예컨대 만일 유로가 붕괴된다면 유로로 저금하던 사람들은 큰 손해를 면치 못할 테니 말이다.

목차

제2장

엔이든 달러든
국가화폐는 불안하다

제3장

지금 세계가 주목하는
가상화폐

제4장

위조지폐와 싸워 온
역사에 종언을 고하다

제5장

비트코인의 안전성을
파헤친다!

에필로그

사토시 나카모토의 정체

비트코인의 등장으로 세계사가 바뀌다

제1장

전자화폐의 시대에서
가상화폐의 시대로

———

　화폐의 역사, 다시 말해 결제수단의 역사를 뒤돌아보면 고대 물물교환에서 시작하여 금화·은화·동화와 같은 동전(금속화폐), 11세기 이후의 지폐(종이화폐), 20세기 중반에 등장한 신용카드(전자화폐), 21세기의 비트코인(가상화폐)에 이르기까지 그 형태가 끊임없이 변화해 왔다. 화폐의 형태가 동전에서 지폐로 넘어간 이유는 단 하나, 운반이 용이하기 때문이다. 운반이 용이하다는 말은 곧 송금이 편리하다는 뜻이기도 하다.

　"지금 우리는 50년도 넘게 전자화폐를 사용하고 있지요."

　내가 이렇게 말하면 누군가는 반론을 제기할지도 모른다.

"그럴 리가요… 전자화폐를 활발히 사용한 것은 기껏해야 최근 10년 정도 아닌가요?"

하지만 미국 달러를 예로 들자면, 유통량의 97%가 미국 중앙은행인 연방준비제도이사회(FRB)의 컴퓨터 기록으로밖에 존재하지 않는다. 97%의 달러는 사람이 실물로 볼 수 있는 화폐가 아니라는 말이다. 일본인도 마찬가지다. 회사에 다니는 직장인은 월급을 현찰로 받지 않는다. 회사에서 송금한 금액이 은행 계좌에 기록될 뿐. 말 그대로 전자화폐다.

비트코인에 쓰인 기술은 지금껏 불가능했던 일을 가능하게 만들었다. 여태까지는 어느 지점에서 어느 지점으로, 이 사람에게서 저 사람에게로 돈을 보내려면 은행과 같은 중개자를 거쳐야 했다. 그런데 비트코인은 중개자가 필요 없다. 개인용 컴퓨터나 스마트폰이 있다면 아마존 밀림에 있더라도 인터넷으로 돈을 받을 수 있다. 은행 계좌 따위는 전혀 필요하지도 않다.

기존의 송금 시스템은 중간에 사람이 낀다. 그렇다 보니 은행에서 보내든, 계좌이체를 하든 수수료와 시간이 든다. 심지어 불법 침입에도 취약하다. 국제 송금은 벨기에에 있는 스위프트(SWIFT)라는 국제은행간통신협회의 컴퓨터 시스템을 거쳐야 한다.

그런데 2017년 4월에 미국 국가안전보장국(NSA)으로 추정되는 국가기관이 스위프트를 해킹했다는 뉴스가 불거졌다. 이전에도 범죄를 목적으로 한 해커가 스위프트에 침입하여 방글라데시 중앙은행에서 8,100만 달러를 훔친 사례가 있다. 그러나 비트코인 송금에는 해커가 끼어들 틈이 없다. 보내고자 하는 금액이 중개자를 거치지 않고 순식간에 상대방에게 입금되기 때문이다. 비트코인은 자기 컴퓨터에 특정 소프트웨어를 설치하고, 받는 쪽에서도 동일한 소프트웨어를 다운로드하면 즉시 송금할 수 있다.

비트코인이 무단 침입을
차단하는 이유

독자 여러분 중에서 신용카드가 없는 사람은 아마 소수일 것이다.

세계 최초의 신용카드는 1950년에 발행된 다이너스클럽 카드이다. 신용카드가 생겨난 1950년 당시에는 설마 오늘날의 전자상거래 대부분이 신용카드로 이루어지게 될 줄은 예상치 못했으리라.

신용카드 거래와 비트코인 거래는 언뜻 비슷해 보이지만 본질적으로 다르다. 신용카드 거래에서는 결제할 때 자신의 카드 정보를 상대에게 건네줘야 하고, 상대는 건네받은 정보를 사용하여 돈을 인출한다. 즉, 신용카드 소유자는 돈을 직접 지급하지 않는다. 소유자의 정보를 건네받은 인수자가 돈을 인출해 가는 지극히 간접적인 방식으로 결제가 이루어진다. 이렇게 '신용카드 정보를 상대에게 건네주는' 방식은 몹시 큰 취약성을 지니고 있다.

앞에서 미국의 전자화폐 유통에 대해 잠깐 언급했는데, 미국에서는 국내총생산(GDP)의 1%가 신용카드 범죄로 사라진다. 게다가 신용카드의 사용 범위를 국제 거래로 한정해서 보면 무려 2%가 불법 거래라고 한다.

신용카드와 같은 전자화폐까지 포함하여 기존의 화폐가 지닌 가장 큰 문제점은 위조, 불법 접근, 해킹이다. 인류 역사상 이러한 불법 행위를 가장 저지르기 힘든 시스템은 물물교환이었다. 그리고 물물교환 시대로부터 4,000년이 흘러 어떤 화폐보다도 위조가 까다로우며 무단 침입이 어려운 화폐가 생겨났다. 바로 가상화폐다. 가상화폐의 안전성은 물물교환과 맞먹는다.

해커가 은행 시스템을 공격하여 슬쩍 돈을 빼돌린다든가 남의 신용카드를 멋대로 사용하는 범죄, 개인의 카드정보 유출로 인한 피해는 여전히 끊일 줄 모른다. 서버를 이용하는 화폐 시스템이 필연적으로 갖는 한계다.

하지만 비트코인의 거래 방식은 다르다.

비트코인은 개인이 소프트웨어를 이용해 내려받은 '지갑'에서 송금이 실행된다. 송금 신호는 전부 암호화되어 하나하나 전자인증이 이루어지고, 상대는 그것을 통째로 넘겨받는다. 이 사이에는 범죄자가 끼어들 여지가 없다. 비트코인이 상거래에 큰 혁명을 불러올 것이라는 이야기는 바로 여기에서 나왔다.

머리말에서 썼다시피 비트코인은 가상화폐의 한 형태다. 세상에는 다양한 가상화폐가 존재하는데, 맨 처음으로 등장한 가상화폐는 비트코인이 아닌 디지캐시(DigiCash)였다.

디지캐시는 1990년대에 개발된 최초의 가상화페이지만 치명적 단점을 가지고 있었다. 중앙에서 집중 관리하여 발행했다는 점이다. 발행처가 디지캐시라는 회사에 한정되어 있어서 그곳이 도산하면 함께 망하는 구조였다.

그에 비해 비트코인은 근본적으로 다른 시스템인 '분산형 거래 증명 합의 시스템'을 채택했다. 특정 국가의 중앙기관에서 발행하는 구조가 아니라는 뜻이다. 비트코인 결제 업체 비트페이(BitPay)의 공동창업자 겸 최고기술경영자(CTO)인 스티븐 페어도 발언했듯[4] 비트코인은 프로토콜(미리 약속한 규칙)에 따라 발행되는 화폐

---

4) 2013년 11월 8일에 했던 강연을 가리킨다. 이 책 제5장에 수록된 「미국에서 큰 화제! 비트페이와 코인베이스」에 강연 내용이 정리되어 있으며, 아래 주소로 접속하면 강연을 직접 볼 수 있다. https://www.youtube.com/watch?v=n2TlMhCTPfg

다. 따라서 비트코인 시스템의 '네트워크 안전성(무단 침입 차단)'은 비트코인을 채굴하는 사람들의 거래에 의해 보증된다.

비트코인을 채굴하려면 컴퓨터 몇십 대를 동원하여 복잡한 수학 문제를 풀어야 한다. 더구나 비트코인에는 발행 상한이 있다. 총 발행량이 2,100만 개로 한정된 만큼 채굴 시 풀어야 하는 수학 문제가 매우 난해하다. 1비트코인을 채굴하는 데만도 어마어마한 시간과 비용이 들며, 이 과정에서 블록체인이라는 기술이 쓰인다. 비트코인의 모든 네트워크는 수학과 물리학 공식, 수학 이론, 물리학 이론 등으로 통제된다. 거래 수단으로 사용할 때 역시 물리학 및 수학 이론에 근거하여 결제 수속이 진행된다.

근본적 질문, 화폐는 왜 필요한가?

화폐란 도대체 무엇인가?

일본인에게 일본의 지폐(은행권)는 태어난 순간부터 이미 존재하는 화폐겠지만 한 번쯤 곰곰이 생각해 봤으면 싶다. 누가 일본 사람들에게 일본 지폐를 사용하게 했고, 여전히 하고 있는가?

다른 지폐는 어떨까? 이를테면 달러는? 많은 사람은 은행에 가서 일본 지폐를 달러 지폐로 환전해 달라고 말하면 은행이 내어주는 것이 달러 지폐라고 믿을 것이다. 그런데 그 달러 지폐를 사용할 수 있도록 준비해 둔 것은 과연 누구일까?

가만 생각해 보면 화폐란 누군가 우리에게 사용을 강요한 돈이라는 점이 금방 드러난다.

일본 법률을 살펴보면 일본은행이 발행하는 은행권 외의 화폐를 제조한 자는 엄한 처벌을 받는다. 제아무리 그럴싸하게 찍어 낸들 공식 은행권이 아닌 화폐는 전부 위조지폐일 뿐이므로 경찰에게 붙잡혀 교도소에 수감된다. 이것은 달러 지폐도 다를 바 없다. 모든 화폐는 한 국가를 다스리는 정부가 자국 국민에게 강제로 유통시킨 돈이며, 이러한 돈을 국가화폐(법정화폐, 강제화폐)라고 부른다.

정부는 왜 자국민에게 화폐 사용을 강요하는가? 여기에는 두 가지 이유와 목적이 있다.

한 가지는 세금을 걷기 위해서다. 정부는 국민에게 "세금은 이것으로 내시오"라고 강제한다. 시험 삼아 세무서를 방문하여 "제가 돈이 없어서 집 뒤뜰에 자란 나무를 베어 왔습니다. 이 목재로 세금을 내고 싶으니 받아 주십시오"라고 말해 보라. 단박에 거절당할 것이다. 결국 화폐는 국가가 국민으로부터 세금을 징수하려고 만든 수단이다.

국가는 왜 화폐로 세금을 징수해야 할까? 역사적 일반론을 말하면 세금으로 군대를 유지하기 위해서다. 군대를 유지하는 목적은 두 가지다. 하나는 외국의 공격에 대비하는 것이고, 다른 하나는 정권 전복을 꾀하는 국내 세력에 대처하는 것이다. 국가를 잘관리하려면 군대를 유지할 필요가 있다.

어느 국가의 어떤 정부도 병사 없이는 군대를 유지하지 못한다. 강제적으로 징병하는 방식을 택하든, 지원자를 모집하는 방식을 택하든 정부는 병사를 고용하고, 병사에게 밥을 먹여야 한다. 병사의 배를 곯리면 병사가 힘을 쓰기는커녕 전쟁터에 나가총을 들 힘조차 나지 않을 테니 말이다.

하물며 일본 자위대처럼 지원자를 받았을 경우에는 보수를 지급해야 한다. 사정이 이러하니 국가가 정한 화폐가 아니라면 무슨 재간으로 병력을 조달하겠는가? 그뿐만이 아니다. 군대를 유지하려면 무기며 탄약을 장만해야 한다. 탱크와 잠수함을 마련해야 하고, 전투기를 몇십 대나 사들여야 한다. 현대에는 미사일도필수다.

군수품은 공짜로 제공되지 않는다. 정부는 다른 사람에게 돈을 내고 제작을 의뢰하든가 완제품을 구입하는 수밖에 없다. 결국 화폐란 국가가 세금을 걷어 군사비를 조달하고자 만든 기본

수단이다. 전쟁을 되풀이해 온 인류 역사를 고려하면 오직 그것만이 화폐의 목적이라고 해도 과언이 아니다.

세계는 왜 위조지폐를
두려워하는가?

국가의 정권을 쥔 정부가 제일 두려워하는 것. 그것은 제4장에서 설명할 위조지폐 유통이다. 정부 입장에서 보면 위조지폐란 공중을 날아오는 미사일보다 더 끔찍한 대상이나 다름없다. 독자 여러분은 '위조지폐 따위로 정권이 무너진다고?'라며 의아하게 여길지도 모르겠다. 하지만 이런 상황이 벌어진다면 어떨까?

세무서에서 납세자를 찾아와 세금을 내라고 말한다. 납세자는 알겠다고 대답한 뒤 세무서 직원이 봐도 분간하기 어려운 위조지폐를 낸다. 이미 위조지폐가 대량으로 나도는 판국인지라 어차피 세무서 직원도 모르겠거니 생각하며 위조지폐로 세금을 내는 국민이 점점 늘어난다.

문제는 국가가 해외에서 무기를 들여오려고 할 때 발생한다. 무기 값으로 위조지폐를 받고 싶은 상대가 있을 리 만무하기 때문이다. 만약 이 국가가 일본이라면 상대국은 일본에게 이렇게 말할 것이다.

"달러로 결제해 주십시오. 엔화는 워낙 위조지폐가 많아서요."

달러 결제에는 달러화가 필요하므로 일본 정부는 자국에서 거두어들인 세금을 달러로 환전해야 한다. 그런데 '위조지폐가 많은 국가의 화폐'라는 이유로 터무니없는 환율이 적용된다. 지금까지 1달러에 1엔이던 것이 이제는 100엔도 모자라 10,000엔이 된다.

위조지폐가 유통되면 그 국가의 화폐는 가치가 떨어진다. 10%나 20% 정도야 떨어져도 큰 타격이 없지만 10분의 1을 넘어 10,000분의 1까지 폭락하면 무기 수입 자체가 불가능해진다. 원유 수입도 불가능하다. 국민이 자동차를 운전하는 데 들어가는 휘발유 값이 10,000배로 뛰면 어떻게 될까? 경제가 붕괴된다. 무기를 구입하지 못해 외국으로부터 쉽게 공격을 받는다면? 정권이 무너진다. 따라서 정권을 유지해야 하는 정부로서는 위조지폐를 결코 용인할 수가 없다.

하지만 아무리 단속해도 위조지폐가 만들어지는 상황을 피할 수가 없다. 일본 엔처럼 유통 범위가 내국에 거의 한정된 화폐는 외국으로 가져가 봤자 환전해 주는 곳이 적어서 잘 위조되지 않지만, 달러나 파운드처럼 전 세계에서 유통되는 화폐는 아무래도 위조 대상이 되게 마련이다.

이런 이유로 일국의 정부는 위조지폐 제작을 엄격하게 단속한다. 정권을 유지하기 위해 위조지폐를 용인하지 않는 것이다.

경제학에서 영원불변하는
단 한 가지 원리

경제학에서 항상 변하지 않는 단 한 가지 원리는 이것이다.

"대량으로 생산되는 물건은 값이 싸다."

얼마든지 대량생산이 가능한 것은 갈수록 값이 내려간다. 정권을 쥔 정부가 독점하여 발행하는 국가화폐는 대량생산이 가능하다. 심지어 이미 대량으로 발행되고 있다. 리먼 사태[5]가 발생한 이후 미국 FRB를 비롯한 세계의 중앙은행이 돈을 뭉텅이로 찍어낸 여파가 현재까지 이어지고 있기 때문이다.

거듭 말하지만 대량으로 생산되면 값은 떨어진다. 달러가 올랐다는 둥 유로가 내렸다는 둥 엔이 올랐다는 둥 해도 그것은 어디까지나 두 가지 화폐를 비교한 값일 따름이다. 전체를 놓고 보면 화폐는 무더기로 발행됐고, 여전히 잔뜩 발행되고 있다. 이대로라면 어떤 화폐든 결국에는 값이 떨어진다. 나아가 폭락한다. 그 증거로 화폐를 대량 발행한 국가의 금리는 제로 또는 마이너스까지 내려갔다. 유로도, 파운드도, 달러도, 일본 엔도.

---

5) 리먼 사태(Lehman Shock): 2008년 9월에 미국의 대형 투자은행인 리먼 브라더스(Lehman Brothers)가 파산하면서 촉발된 세계 금융 위기.

진지하게 생각해 보자. 이런 국가화폐에 재산을 믿고 맡겨도 괜찮을까? 재산은 인간이 한껏 머리를 쥐어짜도, 비 오듯 땀을 쏟으며 일해도 절대 대량으로 생산하지 못하는 것에 맡기는 편이 현명한 것 아닐까?

그렇다면 인간이 머리를 쥐어짜고, 땀을 쏟으며 일해도 대량생산이 불가능한 것은 무엇인가? 최근 수천 년의 역사를 돌아보면 답은 명확하다. 금이다. 다이아몬드이고, 최고급 미술품이다.

금은 광산을 캐고 또 캐도 대량으로 나오지 않는다. 금이 나오는 곳은 정해져 있고, 광산 노동자의 임금도 해마다 오르므로 생산량이 한정된다.

최고급 미술품도 마찬가지다. 빈센트 반 고흐의 그림은 더 이상 늘어날 수 없다. 미처 발견되지 못한 새로운 그림이 나타나지 않는 한 전체 작품 수가 늘어날 리 없으니 경매에 부칠수록 값이 올라간다. 다이아몬드 또한 마찬가지다. 단, 다이아몬드는 가공 기술에 따라 값이 좌우되는 보석인지라 재산 보전용으로는 부적합한 측면이 있다.

나는 일본의 독자 여러분이 어서 깨닫기를 바란다. 엔이 올랐느니 달러가 내렸느니 하며 양국 간 환율 비교에만 급급한 일본인이 꽤 많은데, 대중매체가 내보내는 이런 현혹에 넘어가서는 안 된다. 환율이란 그때그때의 정치, 경제, 금리, 무역 상황에 맞춰 요동

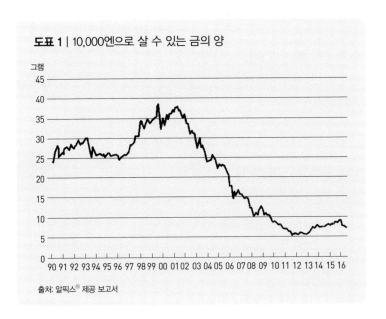

도표 1 | 10,000엔으로 살 수 있는 금의 양

그램

출처: 알픽스[6] 제공 보고서

치는 지표일 뿐이다.

장기적으로 엔의 가치가 올랐는지 내렸는지 판단하는 지표는 환율이 아닌 금이다. 기나긴 인류 역사 속에서 유일하게 보전되어 온 가치의 기준, 금. 생산량이 한정된 금이야말로 일개 정부가 쥐락펴락할 수 없는 재화임이 틀림없다. 그러므로 '금과 비교했을 때 어느 정도의 가치를 지니는지' 파악해야 화폐가치의 변화를 정확하게 판단할 수 있다. 만약 10,000엔으로 살 수 있는 금

---

6) 알픽스(alphix): 1950년에 설립된 일본의 상품 선물거래 중개회사.

의 양이 최근 몇십 년간 계속 줄었다면 엔이라는 화폐의 가치는 몇십 년간 계속 떨어졌다는 뜻이다.

세계 화폐는 300년에
한 번 위기를 맞이한다

일본이라는 국가는 재정이 위기 상황에 처한 탓인지 국채까지 포함한 돈(일본에서는 일본은행이 국채를 대량으로 매입하고 있어서 화폐나 다름없다)을 10년 동안 갖고 있어도 금리가 제로다. 영국에서도 설립된 지 300년이 넘은 잉글랜드은행의 금리가 사상 처음으로 0.25%까지 떨어졌다. 이 말인즉슨 엔이나 파운드는 가지고 있어봐야 재산 가치가 하락하기만 할 화폐라는 소리다.

이자가 붙지 않는 이유는 인플레이션[7]으로 화폐가치가 떨어졌기 때문이다. 영국을 비롯하여 유럽, 일본, 미국과 같은 자본주의 국가 정권이 화폐를 대량으로 찍어 세계에 유통시킨 폐해는 회복

---

7) 인플레이션(inflation): 화폐량이 증가하여 화폐가치가 하락하고, 모든 상품의 물가가 전반적으로 꾸준히 상승하는 경제 현상.

이 불가능할 정도로 현저해졌다.

예를 들면 직장인들은 향후 수급할 연금을 바라보며 일하고 있지만 약속된 연금기금은 정권을 쥔 자들의 손에 허물어지기 일보 직전이다. 그들은 금리를 제로로 끌어내리고, 화폐를 마구 뿌려댔다. 이래서야 연금기금이 축날 수밖에 없다. 연금은 금리에 의거하여 가치를 보전하는 돈이므로 당연한 결과다. 수급자에게 약속한 연금은 갈수록 고갈되어 간다.

돈을 은행에 맡겼는데 이자가 붙기는커녕 마이너스 금리라는 명목으로 예금액이 줄어들 가능성도 있다. 실제로 은행은 이런저런 수수료를 뗀다. 가장 전형적인 사례가 송금 수수료다. 같은 은행끼리라면 모를까 타행으로 송금할 때에는 높은 수수료를 뗀다. 국제 송금 수수료는 더욱 비싸다.

세상에 돈을 맡기기만 하는 사람은 아무도 없다. 일상생활을 하려면 송금이 필요한 법이니까. 그래서 은행이나 우체국에 돈을 오래 맡길수록 야금야금 예금이 줄어든다. 계속 수수료가 빠져나가기 때문에.

이쯤에서 국가화폐에 관해 이야기해보려 한다. 화폐는 대부분 지폐, 다시 말해 종이로 제작되기에 '수요 공급의 법칙'에 따라 값이 매겨진다. 즉, 정부가 지폐를 대량으로 발행하면 화폐가치는 폭락한다.

더군다나 국가가 사용을 강제하는 화폐인데도 자국 정부 이외의 나라에서는 '금으로 바꿔준다는 보증이 전혀 없어서' 해당 국가의 정치체제가 무너지면 그대로 휴지 조각이 될 수 있다.

엔도 달러도 유로도 파운드도 죄다 국가화폐다. 요즘은 유로 붕괴 우려마저 현실성을 띠기 시작했는데, 만일 우려가 실제로 일어난다면 유로라는 국가화폐도 휴지 조각이 된다.

300년의 역사를 지닌 잉글랜드은행이 역대 최저 수준의 금리를 적용했다는 것은 가까운 미래에 300년 만의 이변이 발생할 가능성이 높아졌다는 것을 의미한다. 단순히 먹구름을 드리우는 정도에서 그치지 않을 이변이 말이다. 국가화폐의 미래는 이미 붕괴에 임박했다고 봐도 무방하리만치 암담하다.

현재 상황을 역전할 수 있는 방법은 딱 하나. 각국이 과세율을 확 낮춰서 사람들이 소비할 수 있도록 촉구하는 것뿐이다. 하지만 이것은 불가능하다. 특히 일본은 불가능이라는 글자를 100번 써도 모자랄 만큼 불가능하다.

일본에는 세금에 의지하여 살아가는 사람과 기업이 타국에 비해 월등히 많다. 그중 으뜸은 의료보험 제도이며, 일본은 국민건강보험제도의 폐해가 가장 두드러지는 국가다. 국채비를 제외한 국가 예산의 절반 가까이가 의료비로 들어간다. 세계 최고 수준을 유지하는 일본인의 평균수명은 국가재정 악화와 맞바꾼 대가

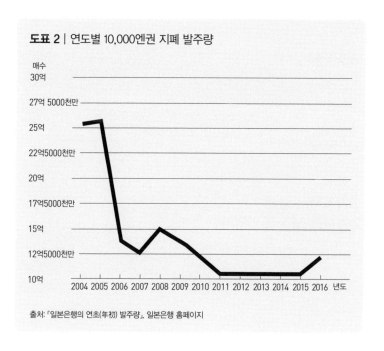

도표 2 | 연도별 10,000엔권 지폐 발주량

매수
30억
27억 5000천만
25억
22억5000천만
20억
17억5000천만
15억
12억5000천만
10억

2004 2005 2006 2007 2008 2009 2010 2011 2012 2013 2014 2015 2016 년도

출처: 「일본은행의 연초(年初) 발주량」, 일본은행 홈페이지

다. 정부가 물 쓰듯 돈을 찍어내는 국가의 화폐는 위험하기 짝이 없어서 재산을 보전하는 데 적합하지 않다.

도표 2는 일본의 10,000엔권 발행 매수를 2004년부터 2016년까지 정리한 그래프이다. 최근 들어 일본에서는 화폐 발행량이 급증했다. 국가화폐는 이래서 무섭다. 정부가 자기 편의대로 발행량을 늘려 버린다.

지폐의 양이 증가하면 화폐가치는 하락한다. 엔화의 값어치가 얼마나 떨어졌는지는 앞에서 게재한 '10,000엔으로 살 수 있는 금의 양' 변화 그래프(29쪽 〈도표 1〉)를 보면 자명하다. 반면 가상화폐는 정부 편의대로 발행량을 늘리는 일이 불가능한 화폐인 만큼 일단 안심이 된다

로마제국은 값싼
국가화폐 때문에 멸망했다

세계사에서 국가화폐가 일으킨 대형 사건으로는 '로마 제국 붕괴'가 있다.

기원전 46년, 율리우스 카이사르(줄리어스 시저)는 자기 얼굴을 본뜬 금화를 만들었다. 로마 제국이 만든 금속화폐는 실제 이 무렵부터 광대한 제국 안에서 유통되었다. 카이사르의 뒤를 이은 아우구스투스 황제는 기원전 23년에 동화, 아연화, 은화, 금화의 품질을 통일했고 이때 정비된 화폐제도는 이후 300년에 걸쳐 유지된다.

로마제국이 금속화폐를 주조하기 위해서는 제국의 영역을 확장하고, 새로 점령한 영토에서 금과 은을 약탈할 필요가 있었다. 그런데 제국의 군사력을 가지고도 영역을 확장하기가 그리

쉽지 않아서, 침략한 국가의 재물이나 금과 은 따위를 압수하는 작업이 뜻대로 이루어지지 않았다. 그 결과 로마 제국은 영역 내에서 징수한 세금만으로는 제국의 예산을 전부 조달할 수 없는 상황에 봉착했다.

문제는 세수입만이 아니었다. 로마제국이 주조하여 발행하는 은화의 원천은 기원전 176년에 점령한 마케도니아의 은광에서 생산되는 은이었는데, 은 생산량이 점차 줄어들었다. 금이야 원래부터 생산량이 한정된 자원이니 말할 것도 없다.

그래도 로마제국은 후기에 이르기까지 국가 예산의 70~80%를 세수입으로 채웠다. 세수입만으로는 예산의 60%도 충당하지 못하는 2016년의 일본보다 재정이 건재했던 셈이다. 아무튼 로마제국도 20~30%는 예산이 모자랐기 때문에 어떻게든 부족분을 메꿔야 했다.

로마 제국은 값싼 주화를 대량 주조하는 방식으로 예산 부족에 대처했다. 값싼 주화란 금은의 함유량이 적은 금속화폐를 말한다. (오늘날의 일본과 똑같은 상황이다. 일본은행이 발행하는 엔 지폐는 국채를 대량으로 떠안고 있어서 날로 화폐가치가 떨어지는 엔 약세 추세에 있다.)

제국의 역대 황제는 지출을 감당하기 위해 점점 더 값싼 주화를 주조하기 시작했다. 이를테면 그 유명한 네로 황제는 과거 건국

64년 때에 아우구스투스 황제가 정한 화폐의 금 함유량을 4.5% 줄이고, 은 함유량을 11% 줄였다. 117년이 되어서는 트라야누스 황제가 은 함유량을 15% 삭감했다. 180년 마르크스 아우렐리우스 황제의 통치시대에는 25%가 줄었다. 셉티미우스 황제 때는 45%, 그리고 카라칼라 황제 때는 무려 50%까지 은의 비율이 줄어들었다.

그러다가 마침내 은 함유량이 거의 없는 이름뿐인 은화마저 주조하게 되었다. 일설에 따르면 은이 1~2%밖에 함유되지 않은 쇠붙이를 은화라고 부르는 지경이었다고 한다. 겉면에 은을 입히기만 한 엉터리 은화다.

세수입 부족을 보충하고자 값싼 주화를 찍어낸 로마제국에서는 무슨 일이 벌어졌을까?

화폐를 과잉 생산한 탓에 화폐가치가 추락하여 물건 값이 올랐다. 인플레이션이 일어났다. 물가는 금과 은의 함유량이 줄어든 만큼만 상승하지 않았다. 두 배, 세 배로 상승했다. 심지어는 값이 열 배로 뛴 일상 생활용품까지 생겨났다. 인플레이션은 로마제국을 붕괴로 이끈 한 원인이 되었다.

국가는 태연하게 지폐를
휴지 조각으로 만든다

———

로마제국 붕괴를 유럽의 과거 이야기로 치부하며 우습게 여겨
서는 안 된다. 동일한 사태가 여러분이 사는 일본에서도, 달러가
유통되는 전 세계에서도 일어나고 있다. 이 책에 나오는 두 가지
도표(29쪽 〈도표 1〉, 37쪽 〈도표 3〉)를 보라. 두 도표는 내가 일본
의 상품선물거래업체인 알픽스에게 의뢰하여 제작한 도표인데,
일본 엔과 미국 달러의 화폐가치가 얼마나 떨어졌는지 한눈에

도표 3 | 100달러로 살 수 있는 금의 양

출처: 알픽스 제공 보고서

알 수 있다.

특히 최근 20년간 엔과 달러의 화폐가치 하락이 눈에 띈다. 이것은 미국과 일본 국민이 잘못한 결과가 아니다. 양국 국민이 사치스럽게 돈을 흥청망청 쓴 탓도 아니다. 돈을 많이 찍으면 경제가 좋아진다는 생각으로 양국 정부가 지폐를 마구 찍어댄 결과에 불과하다. 그들은 지폐로도 모자라 국채까지 무더기로 발행했다. 두 도표에는 그로 인한 결과가 고스란히 드러나 있다.

2016년 11월, 인도에서는 가장 많이 유통되는 국가지폐를 정부가 돌연 무효화했다. 다시 말하면 그때껏 사용되던 지폐가 한순간에 휴지 조각이 된 것이다.

2016년 11월 9일 뉴스에 따르면, 인도의 모디 수상은 8일 밤 텔레비전 연설에서 고액권인 1,000루피(약 1,600엔)와 500루피(약 500엔)[8] 지폐를 약 네 시간 뒤부터 무효화한다고 공표했다. 수중에 있는 지폐는 10일 이후 은행에서 새로 발행하는 2,000루피 지폐나 새로 디자인된 500루피 지폐로 교환하라고 지시했는데, 사람들에게 구권을 신권으로 바꿀 시간도 거의 주지 않은 채 이뤄진 발표였다고 한다.

---

8) 한국 돈으로 환산하면 1,000루피는 약 17,000원, 500루피는 약 8,800원이다.

이렇게 국가화폐란 정부가 입맛대로 가치를 떨어뜨리거나 휴지 조각으로 만들 우려를 가지고 있다. 그 우려가 우려에 그치지 않고 현실에서 발생한 것이 최근 인도에서 일어난 사건이며, 달러화 및 엔화의 화폐가치 하락이다.

엔이 100년을 간다?
누구도 보증할 수 없다

국가화폐(법정화폐, 강제화폐)가 이렇게 대량으로 발행되면 금리는 제로가 된다. 금리가 제로면 저축할 요량으로 은행에 돈을 맡겨도 예금이 불어나지 않을뿐더러 이래저래 송금을 할 때마다 수수료를 떼여서 잔액은 차츰차츰 줄어든다.

일본 메이지시대(1868~1912)에 100만 엔을 저금하는 사람은 어마어마한 부자였다. 그때에는 100만 엔이면 도쿄 도내의 토지를 몽땅 살 수 있을 만큼 가치가 높았다. 하지만 지금은 고작 100만 엔 가지고는 부자 축에도 끼지 못한다.

거듭되는 전쟁과 전후(戰後) 실시된 리디노미네이션[9], 오일 쇼크[10], 리먼 사태[11]를 극복하기 위해 일본 정부는 마구잡이로 화폐를 발행했다. 그 결과 엔이라는 화폐의 가치는 내리막길로 접어들어 메이지시대와 비교하면 거의 100만분의 1로 추락했다. 메이지시대에는 100만 엔만 가지면 도쿄 도내의 땅을 모조리 살 수 있었는데, 지금은 100만 엔으로는 도심 땅 1평조차 가질 수 없게 된 것이다.

다만 어느 시대에나 화폐가치가 떨어져서 피해를 입는 사람이 있는가 하면 용케 모면하는 사람이 있다. 과거 로마제국에서도 값싼 주화의 속임수를 간파하고 금과 은의 함유량이 높은 고대 금속화폐를 모아 자기방어를 한 사람이 있었다.

현재 일본이 발행하는 화폐의 가치가 떨어진다면 어떻게 해야 이 상황을 모면할 수 있을까? 정부가 강제하지 못하는 화폐를 자주적으로 고안해 내야 한다. '국민의, 국민에 의한, 국민을 위한 화폐'를 만드는 것이다.

그렇다. 마치 비트코인처럼. 사람들이 자기 자신과 자식과 손

---

9) 리디노미네이션(redenomination): 화폐의 액면가를 뜻하는 "디노미네이션(enomination)"을 다시 정하는 것. 화폐가치는 그대로 두고 액면가만 동일한 비율의 낮은 숫자로 변경하여 호칭을 새로 붙인다. 보통 인플레이션 등으로 인해 화폐단위가 지나치게 커져서 발생하는 계산 및 결제상의 불편을 해소하기 위해 실시된다. 예컨대 한국에서는 1953년에 100원이 1환으로, 1961년에 10환이 1원으로 각각 변경된 바 있다.

10) 오일 쇼크(oil shock): 1973년 아랍 산유국의 석유무기화 정책과 1978년 이란혁명 이후, 두 차례에 걸친 석유의 공급부족 및 가격폭등으로 세계경제가 큰 혼란을 겪은 사건.

11) 2008년 9월 15일 미국 투자은행 리먼브라더스가 파산하면서 시작된 글로벌 금융 위기를 칭하는 말.

주를 보호하고 저축하기 위해 개발한 화폐, 가족끼리 송금하여 국가화폐에 대항하는 화폐. 바로 이것이 비트코인이다.

'가치가 결코 떨어지지 않는 화폐는 무엇일까?'

'송금할 때마다 수수료를 내지 않아도 되는 화폐는 존재하기 힘들까?'

이런 생각을 하는 것이야말로 화폐가치가 떨어진 일본이나 미국 같은 국가에 사는 사람이 지녀야 할 자기방어다. 가치가 떨어지지 않는 화폐란 당시의 국가 경영자나 정부가 발행량을 멋대로 다스리지 못하는 화폐여야 한다. 발행량이 극히 제한되어야 희소가치가 쭉 유지되는 법이니까. 알다시피 그 대표적인 사례가 금과 다이아몬드다.

금이나 다이아몬드는 화폐가 아니라고 할 독자가 아마 있을 것이다. 하지만 금과 다이아몬드는 여전히 훌륭한 화폐다. 둘 다 일본 엔보다 훨씬 값어치 있고 유통 범위가 넓다. 예컨대 한 사람이 미국 레스토랑에서 음식을 먹은 뒤 수중에 달러 지폐가 없다는 사실을 알아차렸다고 치자. 대신 그에게는 10,000엔짜리 지폐와 금화가 있다. 레스토랑 주인에게 무엇을 건네야 담보로 받아줄까? 생뚱맞은 10,000엔짜리 지폐를 과연 받아줄까? 금화라면 근처 전당포에서 금방 달러로 바꿀 수 있으니 받아주겠지만 말이다.

금이나 다이아몬드는 발견해서 채굴하고 가공하는 데 상당한 시간과 돈이 든다. 원래 지구상에 존재하는 양이 한정된 데다 생산지도 한정적이기 때문이다. 그렇기에 수천 년 동안 화폐로서 가치를 유지해 왔다. 한편 정부가 그때그때 발행한 화폐들은 100년이나마 가면 양호한 수준이다. 미국 남북전쟁 때 발행된 남군과 북군의 화폐는 눈 깜짝할 새 사라졌고, 일본 세이난 전쟁[12] 때 발행된 사이고 다카모리의 화폐도 순식간에 자취를 감췄다.

오늘날 일본 정부가 발행하는 엔이 앞으로 100년은 갈 거라고 누가 장담할 수 있는가?

일본과 미국의 빈곤화, 원인은 화폐에 있다

50년, 60년, 100년이라는 장기적 관점으로 봤을 때 자신의 재

---

12) 세이난 전쟁(西南戰爭): 1877년에 일본의 정치가인 사이고 다카모리(西鄉隆盛, 1827~1877)가 메이지유신에 반대하여 일으킨 반란. 정부군이 승리하면서 사이고 다카모리는 자살하였다.

산을 한 국가의 정부가 발행하는 국가화폐에 의존하는 것은 위험천만하다. 국가화폐는 국가가 전복되는 순간 휴지 조각으로 전락한다.

일본 정부가 전쟁 통에 발행한 전채[13]도, 전쟁 전에 발행한 지폐도 패전과 함께 종이 쓰레기나 다름없어졌다. 더구나 작금의 일본 정부는 하지도 못할 '물가 2% 상승'을 내세우며 죽어라 지폐를 찍어대고 있다. 위험하기 짝이 없다. 실제로 엔의 가치는 부단히 내려가는 중이다.

금과 비교했을 때 일본 화폐가 얼마나 가치를 잃었는지, 알픽스에서 제공한 그래프(29쪽 〈도표 1〉)를 다시 한 번 확인해 보라. 달러도 비슷하게 내려가고 있다지만 10,000엔의 가치는 불과 20년 만에 10분의 1로 떨어졌다. 20년 전에는 같은 돈으로 지금보다 10배는 많은 금을 샀다는 소리다. 일본 사람은 최근 20년 사이에 10,000엔의 가치가 그 정도로 떨어지지는 않았다고 반론할 것이다. 확실히 일본 국내에서만 보면 그렇게 비치기 때문인데, 실은 이렇게 생각하는 것이 가장 위험하다. 우물 안 개구리가 바다 넓은 줄 모른다고 하지 않던가.

10,000엔으로 살 수 있는 쌀의 양은 20년 전이나 지금이나 거

---

13) 전채(戰債): 전쟁으로 발생하는 비용을 충당하기 위해 발행하는 국채.

의 비슷하다. 10,000엔으로 주유할 수 있는 휘발유 양도 20년 전이나 지금이나 별반 차이가 없다. 그러나 영원불변의 가치를 지닌 금이나 다이아몬드, 혹은 빈센트 반 고흐의 그림과 비교해 보면 엔의 화폐가치는 앞서 언급한 대로 겨우 20년 만에 10분의 1이 되었다.

어쩌면 누군가는 이렇게 말할지도 모른다.

"어차피 일본에서만 생활할 텐데 무슨 상관이야?"

"금을 살 게 아니라면 아무 상관없지."

하지만 화폐가치 하락은 우리가 볼 수 없는 곳까지 구석구석 파고들어 일본인의 생활을 괴롭혀 왔다. 현재 일본에서는 극소수의 부자는 점점 부유해지는 한편 생활보호를 받는 세대의 비율은 점점 더 증가하고 있다. 청년들조차 자신들의 미래가 밝다고 생각하지 않는다.

왜일까? 일본인들이 사용하는 '엔'이라는 국가화폐의 가치가 계속 떨어졌기 때문이다.

이런 현상은 미국 사회에서도 벌어지는 일이다. 그리고 이로 인한 불만이 트럼프 현상14)으로 표출되고 있다. 생활은 도통 나아질 기미가 없고, '내 자식과 손자가 나보다도 못살게 되면 어쩌나'라는 불안이 미국을 강타했다. 달러의 화폐가치가 떨어지면서 발생한 현상이다.

많은 사람에게는 미국이 강하고 부유한 국가처럼 보이겠지만 실제 미국은 빈곤층이 날로 증가할 뿐 아니라 빈곤의 수준도 악화되고 있는 실정이다.

가령 대통령 선거의 격전지로 불리는 오하이오 주에는 이스트 리버풀이라는 작은 마을이 있는데, 이곳은 1970년대까지만 해도 식탁에 오르는 미국 도자기 대부분을 생산하던 풍요로운 도시였다. 그랬던 이곳이 2010년에 이르기까지 도자기 공장이 속속 폐쇄되어 인구마저 점점 감소했다. 현재 시민의 3분의 1이 극빈자인 이곳은 미국 전역에서 마약중독자가 제일 많은 도시가 되었다. 빈곤의 고통에서 도망치려 마약이라는 쾌락에 빠진 시민이 늘어난 탓이다. 2016년에는 네 살 난 아이를 둔 부모가 아이만 남겨두고 마약중독으로 사망한 사진이 SNS(Social Network Service)를 통해 흘러나와 많은 사람을 충격에 빠뜨리기도 했다.

---

14) 2016년 가을, 미국 대선이 치러질 당시 많은 사람의 예상을 뒤엎고 공화당 후보가 되고, 대통령까지 당선되는 상황에 '모두의 예상을 뒤엎는 결과'를 일컬어 생긴 용어이자 '세계 각국에 대한 과격한 발언으로 대중의 인기를 끄는 정치가가 나타나는 현상'을 말한다. 다시 말해 '정치적 올바름에 신경 쓰지 않고 대중이 원하는 바에 영합한 정치가가 언론의 예상을 뒤집어엎고 당선된 상황'을 뜻하기도 한다. 저자가 화폐가치 하락 운운하며 트럼프 현상을 가져온 이유는 트럼프의 가장 강력한 지지층이 저학력·저소득층이기 때문일 것이다.

비트코인을
채굴하는 방법

재산을 보호하고 유지하기 위해 수십 년, 특히 50년, 60년, 100년 단위를 고려하는 경우라면 은행 예금이건 장롱 예금이건 간에 국가화폐에 기대는 방식은 현명하다고 보기 어렵다. 재산 보전은 생산량이 한정되어 희소가치가 한결같은 재화에 의지하는 것이 최고다. 예를 들면 빈센트 반 고흐나 파블로 피카소처럼 사후 유명해진 작가이면서 국제적으로 인정받은 작가의 미술품은 가치가 영원하다. 또 다른 예는 금이다. 금은 수천 년 동안 생산량이 한정되어 왔고, 앞으로도 수천 년은 지속될 가치임이 분명하다. 인류가 온 지구를 파헤쳐도 한정된 양만 손에 넣을 수 있기 때문이다.

비트코인을 중심으로 한 가상화폐는 금이 가진 이러한 희소가치를 쏙 빼닮고 태어났다. 가상화폐, 그중에서도 비트코인은 금처럼 생산량이 몹시 한정된 화폐다. 내가 알픽스에게 최근에 100달러로 살 수 있는 비트코인의 양이 얼마나 되는지 그래프로 만들어 달라고 의뢰하여 받은 〈도표 4〉를 보면 그것이 여실히 드러난다.

비트코인은 금만큼이나 생산하기가 어렵다. 그래서 비트코인

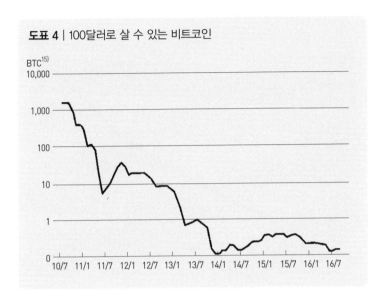

도표 4 | 100달러로 살 수 있는 비트코인

발행을 일컬어 '채굴(minning)'이라고 부른다. 광산에서 캐낸다는 뜻인데, 실제로 비트코인 채굴은 금 채굴 뺨치게 어렵다. 게다가 비트코인은 금과 비슷하게 공급량이 한정되어 그 가치가 보존된다. 엔이나 달러, 파운드 같은 국가화폐는 생산이 워낙 간단하여 정부가 얼마든지 찍어낼 수 있지만 말이다.

일본 엔이 최근 5년간 얼마나 발행되었는지 〈도표 5〉로 확인해 보자. 하지만 비트코인은 이렇게 마구 발행될 일이 없으므로 엔과 달리 가치가 꾸준히 유지된다. 이 점이 비트코인과 금의 유

---

15) BTC: 비트코인의 화폐단위. '1BTC'와 같이 표기하고, 1비트코인이라 읽는다.

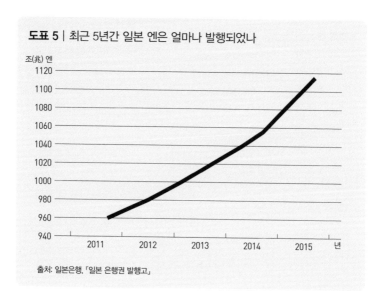

도표 5 | 최근 5년간 일본 엔은 얼마나 발행되었나

조(兆) 엔

출처: 일본은행, 「일본 은행권 발행고」

사성이다.

그렇다면 비트코인 채굴은 얼마나 어려울까? 일설에 따르면 혼자 비트코인을 채굴하려면 수준 높은 컴퓨터 지식을 갖추고 여러 대의 최첨단 컴퓨터를 구비하고도 약 3년의 시간이 필요할 정도라고 한다.

그토록 어렵게 비트코인 블록을 하나 채굴하면 25비트코

---

16) 비트코인은 복잡한 수학 문제를 푸는 방식으로 발행된다. 문제를 풀어서 비트코인 블록이 채굴되면 보상으로 비트코인이 주어지는데, 2017년 현재 보상은 블록 하나당 12.5비트코인이다. 이 보상은 4년마다 반감기를 갖도록 설계되어 2009년부터 50비트코인, 25비트코인, 12.5비트코인으로 감소해 왔다. 이것이 0에 도달하면 비트코인은 더 이상 발행되지 않는다.

17) 2017년 9월 기준 시세는 3,300~5,500달러 선이다.

인이 지급[16]된다. 2016년 10월을 기준으로 했을 때 1비트코인 시세가 587.35파운드[17]이니 스물다섯 배인 25비트코인은 14,683.75파운드, 일본 엔으로 환산하면 약 185만 엔에 상당하는 비트코인이다. 앞 내용에서 짐작되듯이 비트코인을 굳이 국가화폐인 엔으로 환산해 봤자 부질없기는 하지만 말이다.

비트코인 채굴은
어떻게 하면 될까?

———

비트코인을 채굴하려면 컴퓨터 지식은 물론이고 전용 컴퓨터가 몇 대씩이나 필요하다. 차라리 캘리포니아의 개천에서 사금을 채취하는 편이 손쉬울지도 모를 일이다. 더 쉽고 빠르게 비트코인을 채굴할 수는 없을까?

전 세계의 비트코인 광부들이 고안한 방법은 '길드(guild)'를 결성하는 것이다. 길드란 동업조합을 의미한다. 즉, 여러 사람이 모여서 각자 잘하는 분야를 나눈 뒤 저마다의 컴퓨터에 특정 알고리즘[18]을 설계하는 식으로 채굴 작업을 분담한다. 그러면 3년이 아닌 6개월 만에도 비트코인을 채굴할 수 있다고 한다.

그 대신 동업조합에 참가한 사람의 숫자만큼 비트코인을 나누는 것이다.

참고로 비트코인 채굴 전용 컴퓨터는 아마존에서 판매되고 있다. 컴퓨터라고 해도 흔히 상상하는 납작한 형태는 아니고, 데스크톱 컴퓨터 본체와 비슷하게 생겼다.

몇 가지를 소개하자면 비트메인(Bitmain)의 앤트마이너(AntMiner) S5 시리즈가 2016년 기준 132파운드, C1이 230파운드, S1이 299.99파운드, S4가 550파운드, S7이 925파운드, S7 버전 3가 970.92파운드, 아발론(Avalon)의 비트코인마이너(Bitcoin Miner) 3.8 시리즈가 646.99파운드 등등 다양한 가격대의 제품이 존재한다.

아마존에서 다양한 채굴 입문서도 찾을 수 있으니 킨들판으로 구입해서 읽어보는 것도 방법이다.

---

18) 알고리즘(algorism): 어떤 문제를 해결하는 데 필요한 절차, 방법, 명령어들의 집합.

분산장부기술이란
무엇인가?

———

이제 본론으로 들어가서, 비트코인의 근간 기술인 블록체인에 기초한 최첨단 금융공학(핀테크)[19]과 분산장부기술(Distributed Ledger Technology)을 설명하겠다.

먼저 분산장부기술이란 위조, 변조, 침입이 불가능한 최첨단 기록 방식으로서 이것에 관한 설명은 영국의 수석 과학고문이 정부 백서[20]를 통해 정리한 바 있다.

분산장부기술은 장차 어떤 분야에 응용되고, 적용되고, 사용될까? 첫 번째로 예상되는 분야는 정부의 공식 기록이다. 토지 거래, 연금 정보, 납세 이력 등등 기록이 상실되거나 불법으로 변조 혹은 침입되어서는 안 되는 분야인 만큼 활용 가능성이 기대된다. 사실 다이아몬드를 거래할 때는 이미 분산장부기술을 사용하고 있다.

또 다른 응용 분야는 상장회사의 주주투표다. 현재 주주총회

---

19) fintech: 금융(financial)과 기술(technique)의 합성어로, 정보기술(IT)을 기반으로 한 새로운 형태의 금융 서비스 및 산업의 변화를 통칭하는 말.

20) 백서(white paper, 白書): 정부가 정치, 외교, 경제 등의 특정분야 현상을 분석하고 미래를 전망하여 국민에게 알리는 공식 보고서.

전자투표에 사용되는 투표용지는 글자가 이미지로 된 PDF 파일이다. 이 투표용지는 전송업체 쪽에서 배포하며, 주주들의 투표 기록은 관리자나 펀드매니저 쪽으로 들어간다. 기록이 회수되면 그것을 찬성, 반대, 무기명, 백지로 분류하고 수를 집계해서 회사에 통지한다. 참 수고스럽기 그지없는 절차다.

이런 절차에 드는 비용이 유럽과 미국에서는 연간 100억 달러(일본 엔화로 환산하면 약 1조 483억 엔)나 된다고 한다. 게다가 사람 손을 적잖이 빌려야 하는 집계 작업에서는 결국 실수가 생기기 마련인지라 그로 인한 수정 작업이며 피해 보상에 들어가는 비용도 만만치 않다.

여기에 분산장부기술을 도입하면 회사와 주주는 전송업체나 집계 관리자 없이 기록을 직접 주고받을 수 있다. 블록체인에 근거한 이 기술을 쓰면 중간에 해커가 끼어들거나 반대표를 찬성표로 바꾸는 변조가 불가능하기 때문이다. 투표 절차가 한 번에 끝나므로 비용 및 시간도 대폭 절약된다.

다만 현재의 블록체인은 시간당 약 2만 건의 거래밖에 처리하지 못한다. 이런 속도라면 몇 백만 명의 주주가 마감 날이 되어 일제히 투표하는 상황에 도저히 대응할 수가 없다. 그래서 전 세계가 블록체인의 속도 향상을 꾀하는 것이다.

이를테면 코델(http://www.codelmark.co.uk/)이라는 영국 스

타트업 회사에서는 블록체인의 처리 속도를 높인 전자공중 서비스를 제공한다. 한마디로 코델은 디지털데이터가 변조되지 않도록 저장해 주는 회사다. 현재는 정보를 디지털화 해서 각각의 서버에 저장하고 있는데 내용 변경, 해커 침입, 버그 피해, 시스템 다운으로부터 완전히 벗어났다고 보기에는 아직 이르다. 코델은 이 문제를 초고속 블록체인으로 해결하려는 중이다.

데이터를 변조 불가 상태로 보존하는 영국 기업

CCTV(감시 카메라) 영상은 최근의 테러 및 범죄에 대처하는 강력한 무기이다. 영국 런던에서는 시내의 모든 CCTV 영상을 디지털화하여 스코틀랜드야드[21](Scotland Yard)의 중앙서버에 보관한다. 영국 국민이 사용하는 휴대전화 통신도 영국 정부가 전부 보유하고 있다.

---

21) 영국의 경찰대 중 가장 크고 유일한 국가경찰인 영국 런던경찰국(London Metropolitan Police)의 별칭.

만일 이 데이터가 무단으로 변조된다면 어떤 사태가 벌어질까? 특히 위험한 것은 데이터 접근 권한을 가진 인간이 악의적으로 변조를 시도하면 속수무책이라는 점이다. 그 사람이 원래 영상을 완전히 삭제하거나 범인 얼굴을 제삼자의 얼굴로 바꿔치기하려 들어도 눈 뜨고 당하는 수밖에 없다. 코델처럼 블록체인을 써서 대용량 데이터를 고속 저장하고, 필요할 때 꺼내서 의뢰인에게 제공할 수 있는 서비스 회사가 필요한 이유다.

변조 방지 기술은 블록체인에 기초한다. 하지만 블록체인만 이용해서는 속도가 매우 느리기 때문에 반드시 초고속화가 이루어져야 한다. 코델은 이런 면에서 상당한 주목을 끄는 기업이다.

코델은 '액세스그룹'이라는 스타트업 인큐베이터[22]에서 탄생했다. 2005년의 일이다. 이 스타트업 인큐베이터의 창시자가 현재 코델 최고경영책임자(CEO)인 제임스 조랍이다. 코델의 위변조 방지 기술은 기본적으로 정보 하나하나에 암호화한 고유의 아이디(ID)를 부여하도록 구성되어 있다. 고유 아이디는 아이디가 부여된 일시와 연동되기 때문에 '몇 년 몇 월 며칠 몇 시 몇 분 몇 초에 부여된' 아이디라 지구상에 단 하나밖에 존재하지 않는다.

---

22) 스타트업 인큐베이터(startup incubator): 스타트업(신생 벤처기업)이 사업 초기의 어려움을 극복하고 자립할 수 있도록 도와주는 육성 시설.

따라서 설령 위조꾼이 어떤 아이디를 찾아 정보를 위조하더라도 아이디에 부여된 시간이 일치하지 않아 범죄가 즉시 발각된다. 아예 다른 아이디를 부여해서 가짜 정보를 만들어도 그 아이디는 세상에 없는 아이디이므로 위조꾼이 손을 댔다는 사실이 곧장 드러난다. 코델은 이런 작업을 정보 블록 하나하나마다 반복한다.

더군다나 고유 아이디란 약 백 자릿수의 무작위를 반복해서 생성된 암호이다. 이 디지털 암호는 생성된 다음 날이면 전 세계에 몇 만부나 배포되는 〈파이낸셜 타임스〉라는 경제 잡지에 실린다. 그러니까 디지털 암호를 감쪽같이 변조하려면 이미 몇 만 가구에 배포된 〈파이낸셜 타임스〉도 감쪽같이 바꿔 놓아야 하는데, 이것은 당연히 불가능하다. 말 그대로 '분산된 장부'인 셈이다.

분산장부 시스템은
절대 뚫리지 않는다!

분산된 장부 시스템(분산장부 시스템)은 기존의 중앙집권적 장부 시스템(중앙장부 시스템)과 어떻게 다를까? 둘의 차이는 토지 소유권 등기를 살펴보면 금세 이해된다. 일본에서는 법무국만이 등기 원본을 보존한다. 여기에 매매 또는 소유권 이전 내역을 추가하려면 인감증명서와 신분증명서, 인감도장, 거래증명서, 권리서, 신청서가 필요하다. "본인의 토지가 틀림없다"라는 사실을 증명하기 위해서다.

분산장부 시스템에서는 이러한 과정을 컴퓨터로 진행한다. 예컨대 100비트코인을 가진 사람이 그중 50비트코인을 다른 사람에게 송금할 때 그는 본인이 100비트코인의 소유자임을 먼저 증명해야 한다. 증명에는 '암호 키'가 필요하다. 혹자는 이 암호가 뚫리면 어떡하나 싶겠지만 알고 보면 이것이야말로 비트코인의 핵심이다. 코델의 고유 아이디와 마찬가지로 비트코인 암호는 비트코인 소프트웨어가 설치된 전 세계에 있는 모든 컴퓨터에 분산 보존된다.

요컨대 암호 하나를 뚫어서 기록을 변조하려고 해도 세계 어딘가의 컴퓨터에는 원본 기록이 남아 있다는 뜻이다. 몇 십만 대의 컴퓨터에 기록이 분산된 상황이니 전체를 한꺼번에 바꾸지 않고서야 불법 변경이라는 사실이 당장 드러난다. 애초에 변경, 개조, 위조, 변조가 불가능한 구조라고나 할까?

은행 컴퓨터에 해커가 침입하거나 내부 직원이 기록을 변경해서 자신의 예금액을 1조 엔으로 만드는 일은 이론적으로 가능하다. 반면 분산장부를 도입한 비트코인 시스템에서는 이런 행위가 절대로 불가능하다.

세계 금융시장의 중심,
뉴욕의 동향

세계 최대 금융시장인 미국에서 비트코인을 차세대 화폐로 적극적으로 수용하려는 움직임이 확산되고 있다. 누가 뭐래도 세계 금융의 중심지인 뉴욕에서 주 정부가 금융정책의 목표로 "세세의 비트코인 허브가 되자!"라는 기치를 내걸고 가상화폐 규칙을 제정했다.

2015년 6월을 기준으로 비트코인 관련 거래업체는 뉴욕 주 정부의 허가(비트라이선스)를 받아야 하고, 라이선스를 취득하지 않으면 고객의 거래자금을 맡거나 비트코인을 미국 달러로 환전하지 못한다.

이 비트라이선스 팀을 통솔한 사람은 뉴욕 주 금융감독원의 수장이던 벤자민 로스키다. 그는 뉴욕을 비트코인 거래 센터로 만들자는 목표를 추진한 중심인물이다.

그런데 비트코인업체가 라이선스를 취득하려고 보니 신청 절차가 기막힌 수준이었다. 신청서만 해도 500쪽에 달하는 데다가 회사 임원이며 이사며 종업원의 얼굴 사진, 지문, 여권, 운전면허증까지 제출하라니, 대규모 업자가 아니고서야 대응할 수가 없는 요청이다.

실제 이 제도가 도입되고 2016년 가을이 올 때까지 약 1년간 고작 열다섯 개의 업체가 신청서를 제출했다. 그나마도 거의 절반은 신청을 중도 포기했고, 두 업체만 가까스로 비트라이선스를 취득한 실정이다.

런던, 룩셈부르크와 함께 세계 비트코인 중심지 중 한 곳으로 불리는 스위스의 세이프시프트(https://shapeshift.io)도 너무 방대한 정보를 요구하는 신청서에 기가 차서 뉴욕 진출을 그만두었다. 고코인(https://www.gocoin.com)이라는 비트코인업체 역시 같은 이유로 신청서를 철회했다.

뉴욕에서 라이선스 신청을 포기한 업체는 상대적으로 절차가 간단한 캘리포니아 주라든가 워싱턴 주로 신청 지역을 옮기는 추세다. 워싱턴 주 시애틀에서는 2013년 이래 벌써 일곱 개 업체가 라이선스를 받았다. 노스캐롤라이나 주에도 두 개의 업체가 있다.

단, 뉴욕의 신청 절차에도 빠져나갈 구멍이 없지는 않다. 비트라이선스 제도가 생긴 시점에 이미 영업 중이던 비트코인업체라면 신청 심사기간에는 기존 그대로 영업할 수 있다.

결국 시작된 영국의
금융 및 행정 개혁

———

영국에서는 블록체인 기술을 이용해 주식 거래 일체를 자동화하려는 움직임이 한창이다. 그리고 그 중심에 SETL(https://setl.io)이라는 벤처기업이 있다. SETL은 해상운송업계에 컨테이너가 도입되며 불러온 것과 같은 혁명을 증권업계에 일으킨 기업이다. 일본은행 총재 격인 잉글랜드은행 전 총재 데이비드 워커 경이 임원으로 이름을 올려서 삽시간에 300억 파운드라는 자금을 조달하는 데 성공했다.

SETL의 창업자는 피터 랜들이다. 영국의 블록체인 혁명을 추진하는 랜들은 영국 금융계에서는 대단히 유명한 벤처 기업가다. 과거에도 차이엑스(Chi-X)라는 증권거래 시스템을 도입해 유럽에서 다섯 손가락 안에 드는 거래량을 단숨에 기록한 바 있다. 그 입지전적인 인물이 블록체인을 부르짖으며 금융 혁명에 착수했다. 랜들과 함께 혁명을 이끄는 공동 창업자 앤서니 컬리건도 비트코인 거래 사이트인 롤로(ROLLO)의 창업자다.

영국 정부는 비트코인의 근간 기술인 블록체인이 정부의 여러 업무에 혁명을 불러오리라 예측한다. 현재 업무에 분산장부 시스템이 도입되면 업무 인원이 100분의 1로 감축될 뿐 아니라 어떤 실수도 없이 신속하고 정확하게 업무가 완수될 것으로 내다보기 때문이다. 영국 정부가 작성한 비트코인 백서는 제6장 '정부 업무에 분산장부기술 도입'이라는 주제에 많은 지면을 할애하면서 자못 격앙된 표현으로 이렇게 결론짓는다.

"분산장부기술이 근대 헌법의 시조인 대헌장[23](마그나카르타)과 맞먹는 대변혁을 영국 사회에 가져올 것이다."

영국 정부가 비트코인 백서에서 변혁이 가장 두드러질 분야로 꼽은 것은 연금과 의료보험 같은 사회보장 업무다. 영국은 일본처럼 국민건강보험제도를 채택한 국가여서 업무량이 방대하다. 그 많은 양의 업무를 처리하기 위해서 많은 인원과 컴퓨터 시스

---

23) 대헌장(大憲章): 1215년, 영국의 국왕인 존(John)의 실정을 비판하는 귀족들이 왕권을 제한하고 제후의 권리를 확인한 문서. 국왕도 법 아래에 있다는 원칙을 확인한 중요한 문서로서 전문(前文)과 63개조로 되어 있다. 부당한 상납금과 군역 면제금 징수의 반대, 부당한 벌금이나 자유인에 관한 비합법적인 체포를 금지, 적정한 재판과 행정의 실시, 도시 특권의 존중과 상인의 보호 등을 요구한다. 원래는 왕의 권위를 견제하여 귀족의 특권을 인정하는 문서였지만 시간이 흘러 국민의 권리를 보증하는 것으로 확대 해석되어 영국 입헌 정치의 시발점으로 인정받고 있다.

템을 운용하고 있기 때문이다.

두 번째 변혁 분야로는 영국의 정부 예산이 막대하게 소요되는 대외원조 업무를 꼽았다. 생각해 보면 일본 정부도 영국이 꼽은 두 가지 분야에 엄청난 정부 예산이 들어간다. 거의 예산 도둑 수준인데, 여기에 분산장부 시스템을 도입하면 지출을 큰 폭으로 삭감할 수 있다.

세 번째는 소비세다. 소비세 징수에 분산장부 시스템을 도입하면 정확성이 보장되고, 세무 관련 업무 인원도 100분의 1로 감축된다.

이렇듯 미국과 영국에서는 비트코인과 블록체인 기술이 미래 사회에 큰 변혁을 일으킬 놀라운 발명이라는 결론을 내렸다. 일본 정부와 일본 국민이 비트코인을 수상쩍게 여기면서 그저 투기꾼의 투기 대상으로, 가까이해서는 안 될 대상으로 치부하는 사이에 말이다.

블록체인의
타임스탬프 기능

———

블록체인이 불러올 사회변혁의 한 가지로 타임스탬프(time stamp) 시스템이 있다. 블록체인을 이용하면 사건이 시계열[24]에 따라 정렬되므로 '어느 쪽이 먼저 발생했는지' 확실하게 증명된다. 가령 세계 최초의 비트코인에는 '2009년 1월 3일 18시 15분 5초(GMT[25])'라는 타임스탬프가 찍혀 있다. 이런 식으로 발생시각이 차례차례 기록되어 쭉 꼬리를 물기 때문에 '닭이 먼저냐, 알이 먼저냐' 같은 문제도 전 세계의 컴퓨터를 동원하여 한 마리 한 마리, 한 알 한 알 따로 판단할 수 있다. 더 현실적으로 예시하면 토지 소유권 등의 권리를 양도할 때 무엇보다 빠르고 확실한 일 처리가 가능하다.

블록체인을 활용하면 다른 컴퓨터 시스템 간의 상호 통신도 굉장히 수월해진다. 이를테면 구글, 에이오엘[26], 시티은행, JP모

---

24) 시계열(時系列, time series): 연속적으로 관측한 값을 시간 순서에 따라 나열한 수열(數列).
25) GMT(Greenwich Mean Time): 그리니치 표준시. 영국 그리니치 천문대를 지나는 그리니치 자오선을 기준으로 한 시간. 대한민국 표준시와는 9시간 차이가 난다.
26) 에이오엘(AOL, America Online): 인터넷 서비스 사업을 하는 미국 기업.
27) JP모건: 미국의 종합금융 투자은행. 정식 명칭은 J.P. 모건 체이스 앤드 컴퍼니(J.P. Morgan Chase & co.).

건[27]의 시스템은 모두 제각각이다. 이들이 서로 통신하려면 현재로서는 인터넷과 각각의 시스템을 중계하는 교환 소프트웨어가 꼭 필요하다. 이것을 블록체인 기술을 이용해 생략하면 교신이 간편해지고, 그만큼 대형 은행의 시스템 통합도 간단해진다. 은행 시스템 통합은 금융 대혁명을 일으킬 첫 단추다.

미국의 기업 지도가
블록체인으로 바뀌다!

───

내가 박사 과정까지 마친 미국 하버드 로스쿨(law school, 법학대학원)에 '인터넷과 사회를 위한 버크만 클라인 센터(Berkman Klein Center for Internet & Society)'라는 인터넷 및 법률 연구소가 있다. 2013년부터 이곳 연구소의 중심 주제는 '블록체인과 법 제도의 대변혁'이다. 하버드 로스쿨은 왜 블록체인에 주목하는 것일까?

기존의 법률제도는 중앙집권적이다. 중앙집권 국가 회의에서 제정된 법을 행정기관이 관리하고, 법에 기반을 둔 갖가지 거래도 행정으로 관리된다. 그러나 행정 업무에 블록체인이 도입되면 이러한 관리가 필요 없어진다. 모든 사람이 언제든 법제에 접근할 수 있어서 행정기관의 통제가 쓸모없는 업무 방식이 확립되기 때문이다.

　미국 정부는 하버드 로스쿨의 연구소에 60만 달러라는 큰 돈을 제공하여 블록체인이 보험제도 개혁에 어떻게 쓰일지 연구하고 있다. 연구원 중 한 명인 패트릭 머크는 비트코인 파운데이션(https://bitcoinfoundation.org)이라는 기업의 공동 창업자였다. 이 연구소를 중심으로 IT 기술자와 금융회사, 변호사 사무소 그리고 정부 관계기관이 '공유장부 원탁회(Shared Ledgers Roundtables)'라는 연구회도 조직했다. 공유장부 원탁회의 목적은 '블록체인이 법 사회에 미치는 혁명적 영향'에 관한 연구이다.

　하버드 로스쿨 연구소는 블록체인이라는 기술이 세계에 폭발적으로 확산될 것이라고 예상한다. 몇몇 음악전송회사에서는 온라인으로 구매 가능한 음악에 벌써 블록체인을 도입하기 시작했다.

　그렇기는 하지만 블록체인의 본질은 기존 금융 시스템에 대한 불신과 맞닿아 있다. 블록체인을 활용하면 기존 시스템이 통제하지 못하는 영역에서 독자적인 금융 시스템을 구축할 수 있기 때문이다. 블록체인에 참가한 컴퓨터의 51% 이상이 어떤 지배하에 놓일 때 자동으로 작동을 멈추게끔 설계되었다는 점도 블록체인의 이 같은 본질을 상징한다. 만약 미국 정부가 블록체인에 연결된 모든 컴퓨터를 지배하려고 들면 블록체인 자체의 작동이 중단될 테니 말이다.

미국에서는 비자, 마스터, 아멕스 같은 신용카드 회사가 블록체인으로 인해 망할지도 모른다는 우려가 나오고 있다. 블록체인을 쓰면 신용카드 회사를 경유하는 결제방식이 무용해지기 때문에 타당한 우려다. 하지만 블록체인 도입을 신용카드 회사보다 더 두려워하는 회사는 아마존과 애플이다. 아마존은 대량의 영화와 비디오 정보를, 애플은 대량의 음악을 중앙서버에 쟁여두고서 신용카드나 자사 결제시스템을 이용해 요금을 받는다. 그렇지만 블록체인이 도입되면 작곡가와 영화사가 작품을 소비자에게 직접 판매할 수 있는 길이 열리고, 아마존과 애플은 자연히 수입원을 잃는다. 지금은 나는 새도 떨어뜨린다는 미국의 대기업들이 가까운 미래에 블록체인 때문에 모조리 도산하는 날이 찾아올 가능성마저 존재한다.

블록체인은 이토록 혁명적이다. "대헌장 이래 가장 큰 사회변혁이 일어날 것"이라는 영국 정부의 표현은 결코 과장이 아니다.

엔이든 달러든 국가화폐는 불안하다

제2장

1942년, 지폐가 돌연
휴지 조각이 되었다!

———

일국의 정부가 발행한 국가화폐. 화폐 역사가는 강제화폐라고도 부르는 이것을 믿었다가 국민이 큰 손해를 보는 역사는 예로부터 누차 반복되었다.

먼저 독자들이 가지고 있는 화폐에 관한 고정관념을 뒤집어엎을 만한 최근의 사례부터 소개하고 싶다. 1942년, 일본은행법이 제정된 해에 벌어진 일이다. 당시 일본제국 정부는 그때껏 발행하던 일본은행의 태환권[28]을 태환이 불가능한 은행권[29]으로 전환했고, 이로써 일본 국민과 점령지 주민을 완전하게 배신했다. 원래 약속대로라면 태환권은 액면가에 상당하는 금과 바꿔주어야 할 지폐였기 때문이다.

세계공황의 영향으로 1931년 이후 금본위제[30]에서 벗어났다고는 하나 1942년 전까지만 해도 일본에서 일본은행이 발행한 지폐(태환권)를 가지고 있으면 금을 가진 셈이었다. 그랬건만 1943년부터는 역시 일본은행이 발행하는 지폐(은행권)를 일본은행에 가져가도 더 이상 금으로 교환받지 못하게 되었다. 금전과 동등한 화폐가치를 지녔던 지폐가 한낱 휴지 조각으로 전락한 것이다.

1942년 이전의 일본은 표면적으로 금본위제여서 1엔짜리 지폐를 일본은행에 가져가면 원칙상 1.5g의 금으로 바꿔주어야 했다. 1931년 12월에 발행된 지폐에도 "금과 교환합니다"라는 글자가 적혀 있는데, 일본은행이 돌연 교환을 정지하겠다고 발표한 것이다.

1942년은 "교환하지 않습니다"라는 글자를 지폐에 명기하게 된 때다. 나아가 1946년, 일본 정부는 그때까지 발행된 엔 지폐를 전부 무효화한 뒤 새 지폐를 발행했다. 종래의 엔 지폐 소유자

---

28) 태환권(兌換券): 정부나 발권은행이 발행하고, 소지자가 요구하면 언제든 정화(正貨, 금화처럼 환율에 상관없이 국제적으로 유통되는 화폐)로 바꿔줘야 하는 지폐.

29) 은행권(銀行券): 중앙은행에서 발행하여 현금으로 쓰는 지폐.

30) 금본위제(金本位制): 화폐가치를 금의 가치로 표시하는 제도.

는 그것을 신권으로 바꾸지 않는 한 휴지 뭉치를 보관하는 꼴이 되었다. 하지만 교환비율이 턱없이 불리해서 교환하더라도 실질적으로는 재산을 잃고 말았다.

일본 정부는 전쟁 중 지배했던 아시아 여러 국가의 국민에게도 '대동아전쟁(태평양전쟁) 군표'라는 지폐를 강제로 발행하여 점령지의 화폐를 무효화하려 했다.

그런데 대동아전쟁 군표는 일본이 패전하자마자 종이 쓰레기가 되었다. 예를 들어 일본이 필리핀을 점령했을 때, 일본군은 필리핀 현지 화폐를 싹 거둬들여서 군표로 교체했다. 필리핀 사람들은 이 군표를 '미키마우스 머니'라고 놀렸는데, 일본이 패전하기 무섭게 쓰레기가 되어 태우기도 수고스러울 만큼 수북이 쌓였다고 한다. 필리핀 외에도 미얀마, 말레이시아, 인도네시아, 싱가포르, 브루나이, 파푸아뉴기니, 솔로몬 제도 등등 수많은 점령지의 주민과 국민이 군표로 인한 피해를 당했다.

일본군이 몰수한 화폐는 비단 현지 화폐뿐만이 아니다. 현지 주민이 소지한 달러며 파운드 같은 외화도 남김없이 몰수해서 일본 군표로 바꿔 건넸다. 그 모든 군표가 휴지 조각이 되어 버렸지만 말이다.

전쟁이 나면 화폐는
얼마든지 무가치해진다

일본군이 발행한 군표에 관해 조금 더 자세하게 설명해 두자. 일본군의 군표는 원래 병사에게 봉급으로 지급하던 화폐다. 일본 병사들은 자국 내에서 발행되는 엔화 대신 군표를 봉급으로 받았고, 일본군이 점령지를 확대함에 따라 현지 화폐로까지 사용하게 되었다.

예컨대 홍콩에서 일본군은 홍콩 화폐의 유통을 금지하고 일본 군표만을 유일한 화폐로 인정했다. 군표는 금으로도, 일본 엔으로도 교환되지 않기 때문에 점령지의 경제는 자연스레 일본군 손아귀에 들어간다. 타이완은 일본군에게 점령당한 1895년부터 강제로 군표를 사용했고, 한반도에서는 1910년부터 군표가 강제 유통되었다. 중국의 경우는 만주국 건설 이후 점령지에 한하여 군표 사용을 강요받았다. 일본군이 점령지 주민에게서 빼앗은 화폐에는 달러와 파운드도 포함되었으며, 이것은 일본군의 군비를 보충하는 데 들어갔다.

영국 BBC에 따르면 홍콩의 한 노인은 일본군이 홍콩을 점령한 1941년 당시 열세 살 난 아이였다고 한다. 일본군의 홍콩 점령은 3년간 지속되었지만 일본군이 패전하자 군표도 휴지 조각으로 전락했다. 일본 정부는 군표를 절대 엔화로 바꿔줄 수 없다고 선언했다. 그 후 홍콩은 영국의 통치령이 되었으나 영국 정부도 일본 군표를 인정하지 않았다. 그리하여 이제 여든여덟 살이 된 노인이 당시부터 수중에 있던 일본 군표를 전부 일본 엔으로 교환받고자 일본 정부를 상대로 소송을 제기했다. 이 소송은 1999년 도쿄 재판소에서 국가무답책의 원칙[31]에 따른 패소 판결을 받았다.

일본이 일본 국민을 배신한 사례도 한 가지 더 있다. 사이고 다카모리가 세이난 전쟁을 일으켰을 때 발행한 '사이고 다카모리 군무쇼사쓰'라는 군표다. 사이고 군에 참가한 가고시마 병사에게 월급으로 지급된 이 군표는 사이고가 할복자살을 함과 동시에 종이 쓰레기만도 못한 지폐가 되었다. 가고시마 병사가 목숨을 건 대가로 받은 군표이지만 화장지로도 못 쓸 만큼 뻣뻣한 지폐여서 결국 땔나무 대신 아궁이에 넣어 태웠다고 한다.

이처럼 화폐는 군사정부가 국민의 재산을 빼앗는 수단으로도 사용된다. 더욱이 전쟁 이전의 일본 같은 군국주의 정부에서 발행한 화폐는 이런 성향이 짙다. 요컨대 한 나라의 정부는 많든

---

31) 국가무답책(国家無答責)의 원칙: 국가 또는 관공서의 위법 행위 등으로 손해가 발생하여도 국가가 배상 책임을 갖지 않는다는 원칙. '국가무책임의 원칙'이라고도 한다.

적든 국민을 지배할 목적으로 화폐를 발행하는 일을 늘 반복해 왔다.

화폐란 그 정도로 국가의 의도에 좌우되는 대상이고, 국가 간 분쟁이나 전쟁에도 영향을 받는다. 만에 하나 북한이 폭발하여 한반도에서 전쟁이 발발하게 된다면 인접 국가인 일본의 국가화폐인 엔화는 폭락할 수밖에 없다. 전쟁에 패배하지 않더라도 위험하거나 취약한 국가의 화폐는 값어치가 크게 떨어진다. 국가화폐는 특정 국가가 강제하는 화폐이니 당연한 일이다. 하지만 가상화폐는 특정 국가의 화폐가 아니므로 아무런 영향을 받지 않는다. 바로 이 점을 이 책을 읽는 독자 여러분은 확실하게 인식해 주셨으면 좋겠다.

지금 급속히 진화하고 있는 가상화폐

이쯤에서 이 책의 주제인 비트코인을 잠시 살펴보자. 비트코인이란 흔히 '가상화폐'라고 번역되는 크립토커런시(crypto currency)의 한 형태이다. 직역하여 '암호화폐'라고도 불리는데 바로 컴퓨터 네트워크 및 암호기술의 발전으로 생겨났다.

가장 주목받고 있는 가상화폐 시스템은 사이클로스(https://www.cyclos.org)이다. 2005년 등장한 사이클로스는 자바라는 프로그래밍 언어로 작성된 가상화폐다. 윈도우와 맥에서 사용할 수 있고 영어, 독일어, 스페인어, 프랑스어, 포르투갈어 등을 지원한다. 현재 사이클로스는 점차 진화를 거듭하여 스마트폰으로 거래하는 것은 물론이고 슈퍼마켓 결제까지 가능한 시스템으로서도 주목받고 있다. 장차 발전에 따라 일반 화폐를 능가할 것이라는 이야기까지 나올 정도다.

전자화폐가 아닌 일반 화폐, 전문용어로 피아트커런시(fiat currency)는 일본이나 미국처럼 통치자가 있는 국가(중앙은행)가 발행하는 지폐와 동전을 의미한다. 따라서 국가화폐 또는 강제화폐라고 번역한다. 앞서 일본의 사례를 통해 살펴봤다시피 국가화폐는 수천 년의 인류 역사 속에서 끊임없이 변천하며 생겨났다가 사라지고, 사라졌다가 다시 생겨나기를 되풀이해 왔다. 인류의 화폐 역사를 돌아보면 그 어떤 권력자가 발행한 화폐도 오래간 적이 없다.

오늘날 국제통화기금(IMF)이 만국 공통 화폐로서 발행하는 특별인출권(SDR)은 가상화폐와 국가화폐의 중간에 위치한다고 말할 수 있다. 가상화폐는 SDR처럼 각국의 영고성쇠(榮枯盛衰)

에 좌지우지되지 않는 화폐를 지향한다. 나는 가상화폐가 국가 화폐를 대신할 날이 머지않은 미래에 반드시 올 것이라고 본다. 그러므로 이러한 미래 예측을 뒷받침해 줄 화폐의 역사를 돌아보고자 한다.

화폐는 대체
어떻게 생겨났나?

———

화폐제도의 역사를 알면 가상화폐가 어떤 미래로 나아갈지 알 수 있다. 가상화폐는 화폐의 역사를 다시 쓸 것이다. 그렇다면 인류사에서 화폐제도는 어떻게 탄생했을까?

화폐제도는 인류의 역사와 함께 시작되었다고 해도 과언이 아니다. 농사를 짓기 이전의 수렵 채집 시대, 인류는 자신이 사는 지역에서 생산되는 특산물이나 포획물을 다른 지역의 특산물과 맞교환하여 자기 고장에서 나지 않는 물자를 입수하고는 했다. 산사람이 멧돼지를 잡아서 바닷사람이 잡은 어패류와 교환하는 식으로 말이다.

그렇다. 물물교환이다. 물물교환이 성립하려면 양측이 현실에서 만나 고기와 생선을 맞바꿀 필요가 있다. 어느 한쪽이 다른 쪽을 찾아가서 물건을 교환한 후 다시 되돌아가야 한다. 게다가 일시와 장소를 미리 약속하지 않으면 물물교환 자체가 성립할 수 없으니 자기 편의에 맞춰 고기나 생선을 구하는 것은 불가능하다.

그래서 물물교환으로 우연히 만난 사람들끼리 불편을 해소하고자 "언제든 서로 집에 찾아오면 교환하기로 하자"고 약속한다. 이제 산사람은 어패류를, 바닷사람은 고기를 자기가 편할 때 교환하게 되었다. 하지만 불편은 여전하다. 미리 약속을 잡을 필요는 사라졌으나 꼭 상대방의 집까지 가야만 한다. 마침 집에 있는 사람이 약속 상대가 누군지 모를 경우에는 물물교환이 불가능한 점도 불편하다. 오래 앓아눕는 바람에 다른 사람이 대신 찾아가 교환하고 싶을 때는 어떡하면 좋을까?

이리하여 처음으로 화폐 비슷한 무언가 만들어진다. 정확히 언제부터인지는 알 수 없지만 기원전 8세기 메소포타미아에서는 대용화폐가 쓰였다고 한다. 납작한 금속을 동전 모양으로 만들어 밀 그림을 새기거나 도자기 조각에 소를 그려서 만든 화폐였는데, 둘 다 손안에 쏙 들어오는 작은 형태였다.

화폐라고 하기에는 아직 원시적이지만 이것을 밀 농장과 소라는 실물 농장에 가져가면 누구든 밀과 소로 교환할 수 있었다.

밀 농장 주인이 몸져누워도 종업원에게 대용화폐를 들려 보내면 소로 바꿀 수 있고, 소 농장 주인이 몸져누웠을 때 다른 누군가가 밀 농장 사람에게 대용화폐를 건네면 밀로 바꿔주었다. 밀과 소라는 실물 대신 손바닥보다 작은 대용물로 물자를 교환하는 시스템이 최초로 성립한 것이다. 이것이 현재까지 이어지는 화폐제도의 출발점이다.

12세기 영국에서 생겨난 원시 블록체인

12세기 영국에서는 이미 '블록체인에 기초한 가상화폐'의 원형이라고 할 만한 화폐가 등장했다. 원시 블록체인이라고 불러도 될 정도의 물건인 부절(符節, split tally)이다. 부절제도는 국왕 헨리 1세가 1100년경 시작했다고 전해지며 19세기까지 700년에 걸쳐 지속되었다.

부절이란 간단히 말해 나무 막대기다. 왕실이 서민에게 세금을 징수할 때, 앞으로 내야 할 금액과 납부 일자를 막대 표면에 새긴 뒤 그것을 정중앙에서 깔끔하게 둘로 쪼개면 부절이 완성

되었다. 쪼개진 두 조각을 맞춰야 막대에 새긴 문자가 일치하므로 한 조각은 납세자에게 건네고, 다른 조각은 영국 왕실이 갖는다.

현대의 '블록체인에 기초한 가상화폐'는 컴퓨터를 이용하여 고작 두 조각이 아닌 몇백만, 몇천만 조각으로 쪼갠다는 차이가 있기는 하지만 기본 원리는 부절과 같다. 굳이 '블록체인'이라는 어려운 용어를 쓰지 않고 '컴퓨터로 만든 부절화폐'라고 해도 손색이 없다.

영국의 원시 블록체인인 부절 이야기로 돌아가자. 영국 왕실도 재정난이 닥치면 예산을 변통해야 하는 법이다. 식비나 성 수리비 등으로 내야 할 돈이 없으면 왕실은 가지고 있는 부절 막대기 중 하나를 돈 대신 건넸다. 부절을 받은 업자는 나머지 부절을 가진 납세자를 찾아가 왕실 대신 세금을 징수하여 왕실에서 받아야 할 돈을 회수했다.

부절제도는 국민들 사이에도 퍼져 나갔다. 영국 어느 마을에 빵집이 하나 있다고 가정해 보자. 빵집은 방앗간에서 빵을 굽는 데 필요한 밀가루를 산다. 이때 방앗간에 밀가루값을 매번 치르는 대신 '1년분 대금을 1년 뒤에 지급한다'라고 적은 부절을 건넨다. 새끼손가락만 한 얇은 나무판자에 지불할 금액과 일자를 칼로 새겨 가운데쯤에서 쪼개고, 한 조각은 빵집이 다른 한 조각은 방앗간이 갖는다.

　한편 방앗간은 밀가루의 원료인 밀을 밀 농가에서 사야 한다. 방앗간은 빵집이 준 부절을 밀 농가에 건넨다. 그러면 농가 사람은 빵집으로 부절을 가져가서 밀값을 받을 수 있다. 그사이 빵집은 친구에게 돈을 빌려 주었다. 빵집은 친구에게 돈을 돌려받는 대신 부절을 건네면서 이렇게 말한다.

　"당장 갚지 않아도 괜찮으니까 이 부절을 가진 사람이 오면 그 사람한테 돈을 줘."

　즉, 빵집은 '지정한 어느 날짜에 방앗간에 돈을 지급한다'라는 약속을 친구에게 위임할 수 있다. 방앗간에는 친구네 집 주소를 전하면 그만이다. 방앗간은 건네받은 주소를 농가에 전달하고, 농가와 빵집 친구가 부절을 맞추면 최종 결제가 이루어지는 것이다.

과거 일본에서는 이미 몇 가지 화폐가 유통되었다

　이번에는 국가화폐를 살펴보자. 앞서 설명했듯이 국가화폐는 기나긴 인류 역사 속에서 생겨났다 사라지기를 반복해 왔다. 가까운 예로 겨우 100년에서 150년 전의 일본 메이지시대만 봐도 그렇다.

메이지시대에 유통된 화폐는 그야말로 제각각이었다. 메이지 정부가 금화, 은화, 동화를 모두 발행했을 뿐 아니라 에도시대에 유통되던 한사쓰[32]까지 화폐로 인정했기 때문이다. 설상가상으로 메이지 정부는 다조칸사쓰라는 냥 단위의 지폐를 발행하고, 1엔짜리 금화에서 50전짜리 은화까지 유통을 허락했다. 심지어 메이지유신 이후 불과 3년 만인 1871년에는 화폐단위를 '엔, 전, 리'로 완전히 바꾼 새 화폐를 발행했다. 그로 인해 다조칸사쓰나 한사쓰를 가진 사람은 큰 혼란에 빠졌고, 모아 둔 재산을 날리고 말았다.

이렇게 과거 일본에서는 여러 화폐가 동시에 유통되는 상황이 벌어지고는 했다. 정부가 느닷없이 어떤 화폐의 사용을 중지하면 한쪽 화폐에 의지하던 사람은 어쩔 수 없이 큰 손해를 보게 마련인 것이다.

---

32) 한사쓰(藩札): 쇼군(將軍)이 권력을 장악하고 통일·지배하던 에도시대(1603~1867)에 각각의 한(藩)에서 발행하여 해당 영지 안에서만 쓰던 지폐. 한이란 다이묘(大名)라고 불리는 일본의 제후들이 저마다 다스리던 영토를 뜻한다.

사실 이것은 최근까지도 지속된 문제다. 전후 일본은 한때 지역별로 두 가지 화폐를 유통한 적이 있다. 하나는 일본 본토의 엔이고, 다른 하나는 오키나와의 B엔이다.

B엔은 1948년부터 미군 당국이 오키나와에서 정식으로 유통한 엔 화폐를 가리키는 속칭이다. 류큐열도 미국민정부(United States Civil Administration of the Ryukyu Islands)가 발행하였으며 지폐에 일본어와 영어가 함께 인쇄되었다.

가령 10엔짜리 B엔은 '주엔(拾圓)'이라는 일본어와 가로글씨로 적힌 '텐엔(Ten Yen)'이라는 영어가 모두 적힌 지폐였다. B엔은 1958년까지 10년간 유통되다가 역사의 막을 내렸다. 그해 일본 본토의 엔 환율은 달러당 360엔, 오키나와의 B엔 환율은 달러당 120B엔이었다.

오키나와에서 본토와 다른 B엔이라는 화폐가 발행된 이유는 미군이 오키나와를 지배했기 때문이다. "미군이 지배하는 오키나와는 일본의 영토가 아니다"라는 점을 분명히 드러내기 위해 일본 본토에서 사용하는 것과 구별되는 화폐를 미군 당국이 강제 유통한 것이다.

자국화폐 없이도
경제가 안정적인 파나마

———

　역사적으로 약 500년에 걸쳐 외국 화폐가 일본의 주요 화폐로 유통되었다는 것은 일본 화폐제도의 무책임성을 상징한다. 헤이안시대 후기부터 에도시대 초창기까지, 다시 말해 12세기부터 17세기까지 일본에서는 중국 화폐가 주요 화폐로 유통되었다. 일본 내에서 유통된 중국 화폐는 북송의 황송통보와 원풍통보, 명나라의 영락통보다.

　이런 화폐제도의 무책임성은 일본에만 국한된 이야기가 아니다. 외국 화폐를 자국 화폐로 사용한 예는 상당히 많다. 그 전형적 사례가 유로다. 유로 가맹국들은 본디 사용하던 자국 화폐가 있음에도 그것을 내던지고 새로운 화폐를 받아들였다. 이는 외국 화폐를 자국 화폐로 사용하는 것과 같다. 또 파나마와 엘살바도르처럼 미국 달러를 자국 화폐로 쓰는 국가도 있다. 반대로 초강대국인 미국이 1791년부터 1857년까지 스페인 은화를 자국 화폐로 사용하기도 했고 말이다.

　달러를 자국 화폐로 쓰는 파나마 같은 국가에서는 경제 및 정부 운영에 어떤 장단점이 있을까? 만약 파나마에서 유통되는 달러의 양이 어떤 이유로 터무니없이 증가한다면 경제도 덩달아 엉

망진창이 될 것이다. 보나마나 통제 불가능한 인플레이션이 들이닥칠 텐데, 과연 실제로도 그런 사태가 벌어질까?

파나마에 유입되는 달러는 무역, 투자, 인적 교류를 거친다. 미국인이 파나마에 놀러 와 달러를 뿌리고 간다든가, 미국 기업이 파나마에 투자를 한다든가, 파나마 물품을 미국으로 수출하여 대금을 달러로 받는다든가 말이다. 요컨대 관광 자원과 생산 활동을 통해 달러가 유입되기 때문에 파나마에는 필요 이상의 달러가 들어올 일도, 인플레이션이 발생할 일도 없다.

파나마 정부는 '금융정책으로 경제를 운영한다'는 경제적 자주권을 내던졌다. 그래서 외국 화폐, 특히 미국 달러와 환율 문제를 겪지 않기 때문에 유통화폐가 일본 엔처럼 오르락내리락하지 않는다. 이것은 단점이기도 하지만 파나마로서는 달러를 쓰는 덕분에 환율 걱정 없이 전 세계의 물자를 구매할 수 있어 이득이다. 더더구나 단기적 환차익(換差益)을 노리고 달려드는 그악스러운 투자자들이나 아시아 금융 위기 같은 사태에도 영향을 받지 않는다.

화폐정책 실패가
에도막부의 붕괴를 초래하다

일본 에도막부[33]가 멸망한 이유는 파나마와 달리 국가화폐가 불안정했기 때문이다. 에도막부의 화폐제도는 1601년에 제정되었다. 기본 화폐가 금화, 은화, 동화이다 보니 재정 기반은 자연히 일본 내 금광과 광산이 되었는데, 그중에서도 사도의 사도킨잔 금광과 이즈 반도의 도이킨잔 금광이 중심 기반이었다. 에도막부의 화폐제도는 500년 가까이 유통되어 온 중국 화폐를 밀어내고 제자리로 복귀했다.

그러나 막부를 유지하는 데 필요한 예산이 불어나자 사도킨잔과 도이킨잔에서 채굴하는 금만으로는 비용을 충당하기가 힘들어졌다. 이윽고 1695년, 에도막부는 재정 적자를 보충한답시고 금 함유량을 줄인 '고반(小判)'이라는 금화를 만들었다. 직접 보고 배웠을 리도 없건만 예전의 로마와 똑같은 전철을 밟기 시작한 것이다.

에도막부는 1706년에도 1711년에도 그리고 그 이후로도 잇

---

33) 에도막부(江戸幕府, 1603~1867): 일본의 도쿠가와 이에야스(德川家康)가 에도(현 도쿄)에 수립한 무가(武家) 정권. 도쿠가와막부(德川幕府)라고도 한다.

따라 금의 양을 줄였다. 겉보기에는 기존의 고반과 다를 바 없어 보여도 고반에 포함된 금의 양은 점점 줄어들었다. 금화에 들은 금 함유량이 줄어들고 그만큼 가치가 떨어지는 화폐가 막부를 넘어서 에도 시중으로, 일본 전역으로 보급되었다. 금 삭감은 낭비로 인해 적자에 빠진 에도막부의 재정을 보충하는 임시방편은 되었으나 결국은 물가 상승을 초래하고 말았다.

하물며 막부 일당은 중국 및 서양 제국과의 쇄국을 선언한 상황에서도 호화 사치품을 수입하며 모든 값을 금화로 치렀다. 그러면서 일본 내에 유통하는 금화의 금 함유량을 갈수록 줄여 나갔다. 1715년, 궁지에 몰린 막부는 유학자이자 정치가인 아라이 하쿠세키의 의견에 따라 금 수출을 금지했다. 물론 효과는 없었다. 이미 브레이크가 고장 난 에도막부의 재정 지출은 자꾸 늘어나기만 해서 1818년부터 1837년까지는 거의 금도금밖에 하지 않은 고반을 마구잡이로 찍어냈다.

화폐 공급량이 20년 사이 갑절로 늘자 물가도 두 배로 뛰었다. 인플레이션이 일어났다는 뜻이다. 로마제국을 붕괴로 이끈 상황과 판에 박은 듯 똑같다.

참고로 에도막부의 화폐제도는 이렇다. 먼저 열 냥짜리 금화인 오반이 있다. 오반은 한 냥짜리 고반 열 개와 같고, 고반은 이치부반 네 개와 같다. 이치부반은 원래 이치부킨이라고 하는 금화인데 나중에는 은화로 전락하고 만다. 1601년에 주조된 게초코반은 무게가 18.2g쯤 되는 금화로 금이 85.69%, 은이 14.25%였다.

방금 말했다시피 이치부반은 원칙상 고반의 4분의 1에 달하는 가치를 지닌 화폐였다. 그렇다고 실제 이치부반에 그만한 양의 금이 포함되었는가 하는 질문을 한다면 천만의 말씀이다. 4분의 1은커녕 나날이 값어치가 떨어지는데도 이치부반은 그 명맥을 유지했다. 정부가 이런 사기 수법에 매료되면 브레이크가 걸리지 않는다. 그 무렵 일본 국내시장에서 금의 가치는 은의 열 배였으나 말기에 이른 막부는 '금은 은의 다섯 배'라고 정해 버렸다. 이로써 더 적은 은으로 더 많은 금을 조달하게 되자 화폐 공급량이 불어났다. 은화가 반값이라 금화를 두 배로 공급할 수 있기 때문이다.

당시 국제시장에서 금의 교환 비율은 1 대 15였다. 약삭빠른 외국인은 일본이 문호를 개방하자마자 일본으로 은을 들여와 해외에서 교환하는 양보다 세 배 많은 금을 손에 넣었다. 일본과 거래하는 외국인은 대량의 금을 세 배 싼 가격에 매입해 외국으로 가져갔다.

1858년에는 상황이 더욱 악화되었다. 에도막부가 미국, 프랑스, 영국 등과 통상조약을 체결하여 "해외 화폐는 중량이 같은 일본 화폐와 동일한 가치를 지닌다"라는 불평등조약이 강제된 까닭이다. 외국인들은 해외에서 가져온 은을 일본 은화로 교환하고, 그것을 다시 일본 금화로 교환해서 어마어마한 이익을 올렸다.

총계 400만 냥, 무게로 환산하면 약 70톤에 육박하는 금이 일본 밖으로 유출되었다. 국부의 대부분이 해외로 흘러 나갔다고 봐도 무방한 수준이다. 이 사태가 에도막부의 붕괴를 불러왔다. 현재 일본 정부의 금 보유량이 765톤인 점을 생각하면 에도막부가 얼마나 많은 금을, 그러니까 국부를 날렸는지 짐작할 만하다. 아마 4분의 3 정도는 외국인에게 뜯겼을 것이다.

일본 화폐는 역사적으로
너무나 불안정했다

더욱이 일본에서는 놀랍게도 멕시코 화폐까지 공식으로 인정한 시기가 있다. 막부 말기인 1859년, 멕시코 화폐는 '아라타메산부사다긴'이라는 이름을 달고 공식 화폐로 인정받아 일본에 유통되었다.

멕시코 화폐뿐만이 아니다. 막부 말기에는 한[34]에서도 극도의 재정 악화를 해소하기 위해 제멋대로 독자적 화폐를 발행했다. 앞서 언급한 한사쓰다. 에도막부가 발행하는 화폐와 멕시코 화폐, 여기에 한사쓰까지 에도막부의 화폐제도는 그야말로 뒤죽박죽이었다. 화폐가 방대하게 발행되어 사용하면 물가는 화폐 발행량에 비례하여 혹은 그보다 더욱 상승한다. 1859년부터 1869년까지 일본의 화폐 발행량은 2.5배로 뛰었고, 물가 또한 그만큼 뛰었다.

중국 화폐가 정식으로 유통된 500년과 멕시코 화폐가 유통된 막부 말기의 약 10년, 제2차 세계대전 이후 오키나와가 반환될 때까지 오키나와에서 달러 비슷한 B엔이 유통된 시기를 전부 합쳐 생각하면 일본 역사상 외국 화폐가 유통된 기간은 자못 길다. 이 사실을 필히 강조해 두고 싶다.

되짚어 보면 일본의 초기 화폐제도도 비슷했다. 그 유명한 와도카이친[35]을 중심으로 708년에 시작된 고초주니센[36] 제도를 보면, 와도카이친이 주조된 지 채 50년도 지나지 않아 동전에 함

---

34) 한(藩): 다이묘(大名)라고 불리는 일본의 제후들이 저마다 다스리던 영토
35) 와도카이친(和同開珎): 708년에 주조된 일본에서 가장 오래된 동전.
36) 고초주니센(皇朝十二銭): 708부터 963년까지 일본에서 주조된 열두 가지 동전을 총칭하는 말.

유된 은과 동의 양을 줄여서 화폐가치를 떨어뜨렸다. 나라시대 (710~794)의 통치자가 방만한 재정 지출을 벌충하기 위해 화폐를 대량으로 발행했기 때문이다.

서기 760년, 조정(朝廷)은 와도카이친을 대신할 만넨쓰호라는 새로운 동전을 만들었다. 만넨쓰호의 액면가는 와도카이친보다 열 배 높았다. 하지만 실제 동전에 함유된 금속의 값어치는 훨씬 낮았다.

이렇게 통치자가 자행한 화폐제도 남용은 나라시대 조정의 붕괴를 불러왔다. 뒤이은 헤이안시대(794~1185)에는 나라시대를 능가하는 동전까지 등장했는데, 958년에 주조된 겐겐타이호가 바로 그것이다. 겐겐타이호는 값나가는 금속이 아예 들어가지 않는 너절한 화폐여서 급기야 쌀이 화폐를 대신했을 정도였다. 참으로 어처구니없는 화폐가 따로 없다.

메이지유신이 시작된 1868년, 메이지 정부는 냥 단위 지폐인 다조칸사쓰를 발행했다. 하지만 그와 동시에 개인은행의 화폐 발행권도 인정하는 바람에 정부가 발행한 다조칸사쓰와 개인은행에서 발행한 은행권이 혼재하게 되었다. 메이지 정부는 1871년에 양쪽 모두를 무효화하고, 이듬해인 1872년에 엔 단위 지폐인 메이지쓰호사쓰를 발행했다.

그래 놓고는 1872년부터 1879년까지 일본 전역의 국립은행

153곳에게 또다시 발행권을 허용하니 기가 찰 노릇이다. 이로 인해 153곳의 국립은행이 자유롭게 발행한 은행권이 시중에 대량으로 나돌았다.

1881년에는 세이난 전쟁에서 승리한 메이지 정부가 진구코고 사쓰라는 지폐를 발행했고 1882년에는 중앙은행인 일본은행이 설립되어 다이코쿠사쓰라는 지폐가 유통되기 시작했다. 그러다 1899년, "153곳의 국립은행에서 발행한 은행권은 다 무효"라고 선언하여 그때껏 국립은행 은행권으로 저금하던 서민에게 큰 손해를 보게 했다.

전쟁이 끝난 1946년에는 당시 일본 정부가 새로운 엔 지폐를 발행하면서 기존 지폐를 전면 무효화했다. 이때도 예전 지폐로 저금하던 국민이 정부의 일방적 결정 때문에 큰 타격을 받았다. 정말이지 일본 역사를 돌아보기만 해도 화폐라는 것이 얼마나 못 미더운 대상인지 깨닫게 된다.

정부에서 발행하는 국가화폐는 정부가 강제력을 지닌 만큼 "오늘부터 이 화폐는 무효!"라고 선언하면 끝이다. 서민은 손쓸 방도가 없다. 일본 화폐제도의 역사는 이것을 반복해 왔을 따름이다.

1982년 밴쿠버 섬에서
발행된 지역화폐

역사를 돌아보면 어느 국가에 속한 특정 지역이 독립하면서 별도의 화폐를 발행하고 해당 지역에서 유통하는 일도 일어난다. 그리 오래된 일이 아니다. 가장 가까운 사례로 1982년 캐나다 밴쿠버 섬에서 벌어진 일을 살펴보자.

발단은 1980년에 캐나다에서 발생한 금융 이변이다. 캐나다 중앙은행이 내놓은 시중은행에 대한 대출금리가 14%로 껑충 뛰었다. 그러자 시중은행이 국민에 내놓은 대출금리는 무려 19%까지 치솟았다. 19%면 거의 소비자금융 금리와 맞먹는 수준이다. 은행 예금금리도 함께 올라서 캐나다 국민 대부분이 돈을 쓰지는 않고 은행에 저금하는 사태가 벌어졌다. 결과적으로 시중에 유통되는 캐나다 달러가 극도로 부족해졌고, 밴쿠버 섬 주민이 앞장서서 화폐를 만들게 되었다. 그리하여 나온 것이 레츠(LETS)라는 지역화폐다.

이제는 널리 알려진 레츠의 화폐 시스템은 1983년에 마이클 린턴이라는 남성이 생각해 냈다. LETS는 'Local Exchange Trading System'의 머리글자를 딴 약어로 중앙정부가 발행하는 화폐를 보완하는 역할이다. 정부가 발행하는 캐나다 달러와 달리 레츠는 은행 예금이 불가능해서 예금금리를 벌지 못한다는 점을 제외하고는 주민들 사이에서 달러와 똑같은 기능을 수행한다.

구체적으로 설명하면 밴쿠버 섬에 사는 주민 76만 명이 일종의 물물교환 증서를 만들었다는 이야기다. 주민들은 이발소에서 머리를 깎을 수 있는 '이발 서비스권', 빵집에서 빵 한 덩이를 살 수 있는 '빵 한 덩이권', 슈퍼에서 연어 한 조각을 살 수 있는 '연어권' 등등을 통일된 물물 교환권으로서 사용한다. 예컨대 베이비시터 서비스를 받았을 때 '빵 한 덩이권'을 건넨다면 베이비시터는 돈 대신 그것을 들고 빵집에 가서 빵을 구입할 수 있다.

그리고 등장한
가상화폐

———

애당초 사람들은 일상생활을 하면서 아주 멀리까지 물건을 사러 가는 경우는 드물다. 자기가 사는 고장의 업자가 판매하는 먹을거리를 일정한 척도로 교환해 줄 물물 교환권이 있다면 당장 생활하는 데는 아무 문제가 없다. 이런 지역화폐를 컴퓨터

소프트웨어상에서 발행하는 형태로 구현한 것이 커뮤니티 포지(Community Forge)다. 영국의 매슈 슬레이터라는 개발자가 만든 커뮤니티 포지는 커뮤니티에 접속하여 물물 교환권을 작성하면 가상공간 속 상점에서 자유로이 사용할 수 있도록 구축됐다. 이 시스템을 써서 '지역 물물 교환권'을 생성하면 공동체의 유대가 강해져 지역 활성화에도 보탬이 된다.

컴퓨터 네트워크를 통하여 물물 교환권을 제공하는 형태는 가상화폐에 근접한 방식이다. 거듭 이야기한 내용이지만 이쯤에서 또 간략히 설명하면 가상화폐란 컴퓨터 네트워크상에 존재하는 화폐다. 일본인은 그냥 비트코인이라고 부르는 듯싶지만 첫머리에서 서술했다시피 비트코인은 가상화폐의 한 형태에 지나지 않는다. 유럽과 미국에서는 가상화폐(crypto currency)라는 말 대신 대안화폐(alternative currency)라고 부르기도 한다.

정부가 발행하고, 관리하고, 통제하고, 사용을 강제하는 정부 화폐(국가화폐, 중앙은행권)와 가상화폐의 차이는 가상화폐가 '정부에 속박되지 않고, 정부가 발행량을 쥐고 흔들지 못하는 화폐'라는 점이다. 가상화폐는 종류가 다양하다. 넓은 의미에서 보면 항공사가 발행하는 마일리지나 아마존이 지급하는 아마존포인트까지 여기에 포함된다.

지금 세계가
주목하는
가상화폐

제3장

가상화폐란
무엇인가?

———

　가상화폐, 다시 말해 크립토커런시(crypto currency)의 크립토 (crypto)는 암호기법을 뜻하는 크립토그래피(cryptography)의 준 말이다.

　비트코인을 포함하여 가상화폐는 컴퓨터상에서 유통되는 일 종의 전자화폐이므로 해커에게 공격당하면 송두리째 잃어버릴 위 험이 있다. 그래서 불안해하는 사람도 있을 텐데, 사실 지폐도 별 반 다르지 않다. 화재가 나거나 실수로 분실하거나 물에 젖거나 변기에 떠내려가거나 지갑을 떨어뜨리거나 소매치기를 당하거나 하면 돈을 잃어버리기는 매한가지다.

가상화폐가 가장 널리 쓰이는 홍콩에서는 2016년 8월, 비트피닉스라는 컴퓨터상의 거래소에 해커가 침입하여 6,500만 달러에 상당하는 비트코인을 훔쳐갔다. 이때는 비트피닉스에서 맡고 있던 총액의 36%가 도난당한 것으로 계산되어 비트피닉스에 비트코인을 맡긴 사람들 모두가 36%씩 손해를 봤다. 보도에 따르면 해커는 이때 11만 9,756개의 비트코인을 훔쳤다고 한다. 비트피닉스는 2015년 5월에도 1,500비트코인을 해커에게 빼앗겼던 적이 있었다.

비트코인 이용자는 대부분 비트피닉스나 마운트곡스 같은 유명한 거래소에 비트코인을 맡긴다. 돈을 은행에 예금하는 것과 같은 이치다.

덧붙여 도쿄 시부야에 있던 마운트곡스는 해커에게 20만 비트코인을 도둑맞아 회사 자체가 도산했다.

이렇게 아직은 해커 집단의 습격에 취약하다는 점이 현재의 가상화폐가 지닌 문제점이다. 다만 이것은 신용카드 또한 으레 범죄의 대상이 되는 문제와 마찬가지로 방어가 불가능하다. 안전해질 유일한 대책은 가상화폐가 해커보다 튼튼하게 성장하는 길 뿐이다.

비트코인에 대응하는
중국과 미국의 차이

수많은 투자자의 자금이 지금 가상화폐 개발에 쏠리고 있다. 이를테면 BTC차이나라는 중국의 비트코인 회사에는 2013년 11월 18일경 어느 벤처캐피털[37]로부터 5억 엔 상당의 출자금이 유입된 바 있다. 중국은 세계 가상화폐 시장의 약 50%를 차지하는 선진국이다.[38]

미국은 어떨까? 2013년 11월 19일 뉴스에 따르면 미국 상원 국토안보정부위원회가 공청회를 개최하여 "비트코인을 포함한 가상화폐는 합법이다"라는 결론을 내리고, "해커에 대한 취약성을 각별히 주의할 필요가 있다"라고 언급했다. 같은 해 10월에는 실크로드라는 가상화폐 사이트가 폐쇄된 적이 있는데 마약 밀매 등 불법 거래에 사용되었다는 이유로 미국 연방수사국(FBI)이 수사에 돌입했기 때문이다.

위원회에서는 법무부 대표와 증권거래위원회 대표가 가상화폐

---

37) 벤처캐피털(venture capital): 장래성 있는 벤처기업에 투자하는 투자전문회사 또는 그 자본.
38) 2017년 9월, 중국 정보는 대대적인 가상화폐 단속에 나섰고 BTC차이나는 "9월 30일부터 모든 가상화폐 거래 업무를 중단하겠다"라는 성명을 발표했다. 이에 비트코인 가격은 10% 이상 급락하기도 했다.

를 어떻게 생각하는지 말해 달라는 요청을 받아 각자의 견해를 진술했다. 그중 일부를 여기에 소개한다. 아래는 공청회 위원장인 톰 카퍼 상원 의원의 말이다.

"아마도 가장 널리 알려진 비트코인을 비롯한 가상화폐는 일부 사람들에게 열렬한 지지를 받는 동시에 다른 일부에게는 조심해야 할 경계 대상으로 여겨진다. 서로 다른 두 가지 의견이 법무부와 증권거래위원회 내에서도 상충하여 가상화폐를 어떻게 해야 할지 혼란스러운 상황이다."

한편 연방수사국이 위원회에 제출한 공식 의견서에는 이런 내용이 적혀 있다.

"가상화폐는 합법적 금융 서비스이지만 범죄 집단이 이용할 가능성도 부정할 수 없다."

미국 법무부 형사국장은 다음과 같이 진술했다.

"특히 마약거래 집단, 인신매매 집단, 밀수입 집단, 아동포르노 판매 집단 및 그 밖의 대규모 사기 집단이 가상화폐를 이용하는 상황이 보인다."

어쨌든 다양한 의견 가운데 미국 의회는 가상화폐의 가능성을 사뭇 적극적이고 긍정적으로 평가하며 기술 발전을 후원하겠다는 결의를 다졌다.

비트코인이 처음 세상에 나온 것은 2008년이며 이후 발행량은 1,200만 개를 웃돈다. 미국 의회로서는 미국 정부의 손이 미치지 않는 곳에서 가상화폐가 자유롭게 발전하고, 세계 각지로 뻗어나가는 상태가 반가울 리 없다. 아직 가상화폐 유통량이 달러 유통량에 비하면 무시할 만한 수준이니까 미국 정부는 그저 웃는 얼굴을 한 채 지켜만 볼 뿐이다. 언제든 거래량이 증가하면 '이걸 손에 넣어야겠군!' 하며 가상화폐를 규제 대상으로 삼으려는 움직임을 드러낼 것이 분명하다.

블록체인, 현재 투자자들이 가장 주목하는 기술

2016년에 뉴욕에서 '컨센서스 2016'이라는 가상화폐 관련 회의가 열렸다. 주요 주제는 다음과 같았다.

"가상화폐는 장차 사람들이 재산을 축적할 화폐가 될 수 있는가."

이 회의에서는 앞으로 가상화폐나 비트코인이 아닌 '블록체인'이라는 명칭을 사용하자는 제안도 나왔다. 왜냐하면 블록체인이야말로 비트코인을 포함한 가상화폐를 화폐답게 만들어 주는 기술이기 때문이다. 가상화폐가 미래의 화폐로 나아가느냐 마느냐는 블록체인에 달렸다. 블록체인을 개발하는 IT 벤처기업과 기업가에게 많은 투자자의 자금이 유입되는 이유가 바로 여기에 있다.

제2장에서 소개했던 '부절'을 떠올려 보자. 본인이 가진 부절과 짝을 이루는 다른 부절의 단면이 서로 완벽하게 일치해야만 비로소 두 부절 사이에 재산 가치가 공유된다. 완벽하게 일치하는 부절을 가진 사람끼리 만나야만 둘 사이에서 거래나 대차(貸借) 혹은 송금이 이루어진다는 뜻이다.

그렇다면 현대에는 과연 무엇이 과거 부절의 바통을 이어받았을까? 바로 은행 송금이다. 본인 계좌에서 상대방 계좌로 송금하는 상황을 생각해 보라. 현재 송금은 온라인에서 진행되는데, 이때 사용되는 컴퓨터 기술이 중세시대의 부절과 꼭 닮았다. 예를 들어 이시즈미 간지의 계좌에서 다나카 지로의 계좌로 100만 엔을 송금한다고 해 보자. 두 사람 각자의 계좌번호와 은행명, 지점명, 송금하려는 금액이 부절에 새겨진 글씨와 같은 역할을 수행하는 것이다.

문제는 지금의 은행 통신체계를 이용해 송금하려면 적어도 세 군데 이상의 은행 시스템을 거쳐야 한다는 점이다. 개입하는 은행이 세 군데이니 수수료도 세 번 내는 것이다. 국내 송금이야

수수료가 저렴하다지만 해외 송금이라면 수수료를 5,000엔 정도는 내야 한다. 송금은행, 중계은행, 입금은행이 중간에 끼어 있기 때문에 송금에 필요한 통신정보를 제각각 통과해야 하는 탓이다.

그런데 블록체인을 사용하면 해외로 송금할 때 중간에 개입하는 은행이 필요 없어진다. 이시즈미 간지와 다나카 지로가 가지고 있는 부절의 단면이 일치하는지 아닌지 맞춰 볼 시스템만 컴퓨터에 설치하면 끝이다. 만약 이시즈미 간지가 입력한 단면이 중간에 변형되거나 도둑맞거나 혹은 다나카 지로가 아닌 사람에게 잘못 도착한다면? 단면이 일치하지 않아 가상화폐가 부절로서 기능하지 못하게 된다. 즉, 송금이 이루어지지 않는다.

왜 가상화폐를 필요로 할까?

―――

부절과 블록체인을 사용하지 않고 이시즈미 간지의 100만 엔을 다나카 지로에게 확실히 전달하는 방법이 전혀 없지는 않다. 우체국의 현금배달(통화등기) 서비스를 이용해도 되고, 이시즈미 간지가 직접 다나카 지로 본인에게 현금 100만 엔을 전달할 수도 있다.

그러나 이시즈미 간지가 정신없이 바빠서 도저히 짬이 나지 않는다면 어떡해야 할까? 은행에 가서 부치거나 현금배달을 이용하거나 직접 전달하지 않고 100만 엔을 보낼 방법은 없을까? 잠시 생각해 보자. 독자 여러분은 어떤 방법이 떠오르는가? 퀵서비스라든가 우편환으로 보내는 방법은 사실상 현금배달과 다를 바 없다. 아예 다른 방법은 없을까?

이시즈미 간지의 친구를 통해 현금 100만 엔을 다나카 지로에게 전달하는 방법도 고려해봄 직하다. 때마침 시간이 비는 친구가 근처에 있다면 나쁘지 않은 방법이다. 하지만 그게 아니라면 현금배달이나 오십보백보다. 수표를 써서 부치는 방법도 있기는 하다. 유럽과 미국에서는 여전히 수표계좌 이용이 활발하니 이시즈미 간지가 수표를 한 장 써서 그 위에 수취인 이름을 적고, 서명을 하고, '100만 엔'이라고 적어 우편으로 부치면 된다. 다만 이 역시 은행의 송금 시스템을 이용하기 때문에 따지고 보면 송금과 똑같다.

요컨대 현대에는 현금을 직접 건네든 은행 송금 시스템을 이용하든 양자택일을 하지 않고서는 이시즈미 간지가 다나카 지로에게 100만 엔을 전달할 길이 없다. 현금배달로는 100만 엔이라는 거액의 현금을 한 번에 부치지도 못해서 나눠 부쳐야 하고, 분실의 우려마저 있다. 하물며 은행 송금은 수수료가 비싸다. 상황이 이러하니 제삼의 방법으로 등장한 블록체인과 가상화폐 송금에 기대를 걸 수밖에 없다.

그런데 예상치 못한 장소에서 가상화폐의 선구자라고 부를 만한 대상이 나타났다. 인류 발상의 근원지라고 불리는 아프리카에서 말이다.

엠페사(M-Pesa)

엠페사의 M은 모바일(Mobile)의 M을, 페사(Pesa)는 스와힐리어[39]로 돈을 의미한다. 엠페사는 아프리카 케냐의 모이 대학 학생이 2007년에 개발한 휴대전화용 소프트웨어이자 휴대전화만으로 송금, 저금, 결제가 가능한 가상화폐다. 이것은 은행 계좌가 없는 많은 아프리카 사람 사이에 눈부신 속도로 보급되었다.

---

39) 스와힐리어(Swahili language): 케냐를 비롯한 아프리카 동남부 지역에서 쓰이는 공통어.

영국의 이동통신업체인 보다폰은 이 소프트웨어에 주목하여 케냐의 이동통신업체인 사파리콤(https://www.safaricom.co.ke)과 손잡고 엠페사를 사업화했다. 여기에 미국의 컴퓨터 제조업체인 아이비엠(IBM)이 합세하여 소프트웨어를 다듬었고, 2012년에 가상화폐로 완성했다. 현재 케냐에서는 1,700만 명, 탄자니아에서는 700만 명이 엠페사를 이용한다. 보다폰이 활동하는 다른 아프리카 국가들과 남아프리카공화국, 아프가니스탄, 인도 등지에서도 엠페사 이용자가 확산되는 추세다.

미국 정부가 블록체인을
연구하는 이유

미국에는 정부 서비스의 디지털화를 촉진하는 미국 디지털서비스(United States Digital Service)라는 사무국이 있다. 간단하게는 'USDS'라고 부르는데, 이곳에서 가상화폐의 근간 기술인 블록체인을 연구한다.

블록체인이란 도대체 어떤 기술인가? 쉽게 요약하면 '이시즈미 간지가 자기 컴퓨터로 실행한 가상화폐는 영원히 이시즈미 간지의 소유이며, 자유롭게 쓸 수 있고, 결코 복제되지 않는다'라는 점을 보증하는 IT 기술이다. 이것은 중세시대의 부절을 쏙 빼닮았다.

이시즈미 간지가 칼자국을 내어 딱 절반으로 쪼갠 부절은 이시즈미 간지의 수제품이며 절대 위조가 불가능하다. 그 부절이 누구 손에 들어가든 제작자가 이시즈미 간지라는 사실은 영원히 보증된다. 블록체인도 이와 마찬가지다.

블록체인은 암호기법(cryptography)에 크게 의존하는 기술이며, 은행이나 우체국 같은 대형 시스템을 거치지 않고 세계로 곧장 연결되는 네트워크에 기록을 보존한다. 바꿔 말하면 이시즈미 간지가 부절에 새긴 정보를 이시즈미 간지의 수제품으로서 네트워크에 영구히 보존한다. 따라서 페이팔이니 뭐니 하는 은행의 결제 시스템을 경유할 필요가 없고, 당연히 비용도 매우 저렴해진다.

블록체인이 있기에 비로소 가상 네트워크 공간에 재산을 형성할 수 있는 것이다.

블록체인의 이용가치가 최대로 발휘될 기술 분야는 아무래도 개인의 병력 및 의료정보 보존 쪽이 아닐까 싶다. 무엇보다 복사가 불가능한 데다 해당 의료정보가 이시즈미 간지의 기록이라는 점이 확실히 보장되고, 접근이 허용된 의사와 의료 관계자들만

마음 편히 열람할 수 있기 때문이다.

블록체인으로 작성한 정보를 변경하기 위해서는 특별한 암호키가 필요하다. 이 암호키만 안전하게 보관해 두면 전 세계 어디에서나 접속이 가능하고, 오직 이시즈미 간지에게만 정보 변경 권한이 주어진다. 이 점을 활용하면 토지등기 시스템도 완전히 뒤집힌다. 일본에서는 법무국이 관리하는 토지등기부 등본마저 불필요해지리라.

일본 법무국은 토지등기부 등본을 엄중히 관리한다. 이시즈미 간지가 "내 땅을 좀 팔아야겠소!"라고 말하면 법무국에서는 그가 이시즈미 간지 본인이 틀림없는지 인감증명서며 신분증명서 등을 이용해 확인한다. 이시즈미 간지가 신청한 내용 변경은 신분 확인이 끝난 뒤에야 이루어진다.

블록체인을 쓰면 등기부 등본은 모두 디지털 네트워크에 보존된다. 그러면 이시즈미 간지는 법무국을 통하지 않고 자유롭게 정보를 변경할 수 있지만 이시즈미 간지가 아닌 사람은 아무것도 건드리지 못한다. 물론 환자의 의료정보도 완벽한 보안이 가능하다. 환자 본인 또는 환자가 승인한 의사만이 정보를 수정하고 변경할 권한을 갖는 덕분이다. 특허, 상표, 저작권 보호에도 동일한 원리가 적용된다.

이시즈미 간지라는 인간이 발명으로 특허를 받아 특허청에 등록되었다고 가정해 보자. 특허청 컴퓨터 시스템에 제삼자가 침입하여 이시즈미 간지의 이름을 다나카 지로로 바꿔 버리면 발명특허는 다나카 지로에게 넘어간다. 특허 등록에 블록체인을 적용한다면 일어날 수가 없는 범죄다. 이시즈미 간지가 어떤 특허를 취득하고, 그와 관련된 추가 특허를 출원할 때도 제삼자가 끼어들 틈이 사라진다.

블록체인이
연금제도를 바꾼다!

블록체인에 내재하는 가능성을 보면, 미국 정부 관계자가 왜 "블록체인이야말로 행정제도를 근본부터 뒤바꿀 만한 불가침의 장부 기술"이라고 말했는지 이해가 간다. '장부'의 원어인 'Ledger'가 부절에 새긴 글자를 뜻하기도 하니 마땅히 불가침 상태로 기록되어야 한다. 예를 들면 정부의 연금 시스템도 블록체

---

40) 일본의 대형 기업연금 운용회사인 AIJ투자자문(AIJ投資顧問)이 약 2,000억 엔에 달하는 고객 연금 자산의 대부분을 날리고, 운용보고서를 조작하여 은폐한 사건을 지칭한다.

인을 사용하여 근본적으로 개혁할 수 있다. 일본에서 터진 연금 소실 문제[40] 따위는 일절 발생하지 않는다.

현재 일본의 연금정보는 일본 사회보험청의 거대한 데이터 시스템에 보관된다. 만일 여기에 해커가 침입해서 데이터를 쑥대밭으로 만들어 버리면 연금이 사라진다거나 제삼자에게 빼앗길 가능성이 있다. 이시즈미 간지에게 지급될 연금이 사실은 매달 1억 엔이라고 조작할 가능성마저 존재한다. 반면 블록체인은 사회보험청의 시스템을 필요로 하지 않는다. 네트워크상에 새겨진 블록체인을 통해 연금이 가상화폐로 자동 지급되기 때문이다. 사회보험청 시스템이 잡아먹는 몇천억 이상의 구축비며 서버 관리비도 필요치 않으니 예산을 대폭 절약하게 된다.

블록체인 기술을 쓰면 일단 네트워크상에 게재된 데이터는 무조건 변경 또는 삭제가 불가능하도록 제한할 수도 있다. 실수로 틀린 정보가 게재되었을 때에도 변경이 불가능하다는 문제가 남기는 하지만 말이다. 이 문제를 시스템상에서 어떻게 처리해야 할지는 미국 정부도 연구 중인 부분이다.

이를테면 미국 정부가 발행하는 푸드 스탬프(Food Stamp)라는 티켓이 있다. 수입이 일정 수준 이하인 빈곤층에게 정부가 배포하는 식료품 할인권이다. 푸드 스탬프에 블록체인을 도입하면 변경 가능성이 차단되어 제삼자에게 불법으로 판매하는 행위를 막을 수 있다. 정보 변경이 일어날 때에는 일정 기간이 지나면 자동으로 사용이 중지되거나 겨울에는 등유를 살 때만 결제가 가능하도록 제한하는 조건부 발행도 할 수 있으리라.

또한 미국 정부는 연금제도에 가상화폐를 도입하는 연구를 진행하고 있는데, 연금 지급이 전부 가상화폐로 대체될 날이 머지않았구나 싶다.

마침내 전 세계의 은행이
움직이기 시작했다!

────

가상화폐가 발달하면 은행 예금제도 자체가 쓸모없어질 뿐 아니라 송금제도 역시 쓸모없어지므로 자연히 은행들이 우수수 쓰러진다. 은행 입장에서는 끔찍한 일이다. 현재 전 세계의 거대 은행이 어떻게든 블록체인을 장악하려 기를 쓰는 이유도 그래서다. 이미 미국, 영국, 스위스의 대형 은행들은 뜨거운 시선으로 블록체인을 바라보며 실용화 방안을 모색 중이다.

세계 유수의 은행이라고 불리는 홍콩·상하이은행(HSBC), 체이스은행, 뱅크오브아메리카, 로이즈뱅킹그룹 등은 막대한 고객 정보를 독자적 서버와 컴퓨터 기술로 제각기 관리한다. 그렇다 보니 홍콩·상하이은행 고객이 체이스은행 고객에게 송금을 할라치면 은행 간에 교신을 해야 하는데, 교신용 시스템이 심히 복잡해서 품과 짬과 비용을 소요한다. 으레 실수가 생기고, 시간이 걸린다. 그렇지만 언젠가 체이스은행과 홍콩·상하이은행이 블록체인을 도입한 시스템으로 변경하면 송금에 드는 시간이나 비용이 몇십 분의 1로 단축되는 장점이 부상한다.

블록체인을 실용화하려는 움직임은 최첨단 블록체인 벤처기업인 알스리(R3)가 세계 40곳의 대형 은행에 공동연구개발을 요청하면서 더욱 가속화됐다. 이미 바클레이스은행, 유비에스은행, 웰스파고은행 등등 11곳의 대형 은행이 알스리가 제안한 R3CEV라는 금융 프로젝트에 참가를 표명했다.

또 다른 움직임도 있다. 골드만삭스와 중국의 IDG캐피털파트너스 투자은행은 서클인터넷파이낸셜(https://www.circle.com/kr)이라는 신생 기업에 50억 엔 상당을 투자했다. 원래 이 회사는 비트코인 결제 시스템을 개발했으나 지금은 수수료가 압도적으로 싸고, 속도가 눈부시게 빠른 국제송금 시스템을 개발하는 데 착수했다.

세계의 대형 은행에 블록체인 기술을 제공하여 은행 간 거래를 실시할 수 있도록 돕는 '리플(https://ripple.com)'이라는 벤처기업도 있다. 리플은 2016년 9월에 시리즈 B(창업 후 사업이 어느 정도 진행된 벤처기업이 벤처캐피털을 상대로 실시하는 상담) 투자 유치에 성공하여 55억 엔 상당의 자금을 조달했다. 리플은 세계 주요 은행 25곳과 블록체인 라이선스 계약을 취득했다고 한다. 리플의 최고경영책임자는 크리스 라센이라는 인물이다.

맨 먼저 가상화폐를 도입한 업계와 국가

은행만 블록체인에 주목하는 것은 아니다. 한 유대인이 관리하는 다이아몬드 거래업계는 세계에서 가장 빨리 블록체인 기술을 실용화했다. 블록체인은 온갖 거래의 보안을 담보하는 IT 기술이기에 다이아몬드처럼 한 건당 몇억에서 몇십 억을 호가하는 고액거래에 안성맞춤이다. 이름난 다이아몬드 광산에서 캐낸 원석에는 하나하나 개별 인증번호가 부여되고, '킴벌리 프로세스'라고 불리는 방식에 따라 품질인증이 실시된다. 그런데 이 인증 데이터베이스에 해커가 침입할 가능성이 존재하기 때문에 전세계의 다이아몬드 업자가 자금을 대서 에버레저(https://www.

everledger.io)라는 벤처기업에 블록체인을 이용한 품질보증 시스템 개발을 의뢰했다.

에버레저가 개발한 품질보증 시스템에는 몇 년 몇 월에 어느 광산에서 캐낸 얼마만한 크기의 어떤 다이아몬드인지 그 가격과 품질, 최초 구매자의 주소 및 성명까지 기록된다. 보고자 한다면 누구나 정보를 볼 수 있지만 블록체인이 적용된 이상 조작이 불가능하니 정보는 영구히 보존된다. 구매자로서는 안심하고 다이아몬드를 살 수가 있다. 현재 에버레저에 등록된 원석의 개수는 100만 개를 넘어섰다

2016년 1월, 영국 정부의 수석 과학기술 고문이 정부 업무에 건의서를 제출했다. 블록체인을 적극적으로 도입하자는 것이었다. 그 건의서에는 이런 내용이 있다.

"블록체인은 거래, 계약, 등기, 연금 지급은 물론 개인의 의료정보, 연금정보, 출생기록, 사망기록 등등 한 치의 실수도 용납할 수 없고 무단으로 변경되어도 안 되는 기록을 보존하는 방법이며, 현재의 IT 기술로 이룩할 수 있는 가장 강력한 해커 방지책을 동반한다."

블록체인은 기록을 분산하여 전 세계에 흩어져 존재하는 몇천, 몇만, 몇십만 대의 컴퓨터에 보존하기 때문에 현실적으로 해킹이 불가능하다. 더군다나 블록마다 복잡한 수학적 알고리즘

에 의해 기록된 정보는 시간 및 연대순으로 암호화되어 있다. 블록체인의 암호화 절차를 해싱(hashing)이라고 하는데, 해싱이 완료되면 암호를 해독해서 본래 정보를 찾아내기가 불가능해진다. 해커가 침입하려야 침입할 수가 없는 구조라고나 할까?

참고로 블록체인 개발과 채택에 최고로 열성적인 국가는 발트 삼국[41](Balt三國) 중 하나인 에스토니아다. 벌써 에스토니아는 가드타임(https://guardtime.com)이라는 자국 벤처기업이 개발한 블록체인 시스템에 정부의 행정 서비스를 대부분 이전했다. 디지털화와 온라인화에 뒤처진 일본과 다르게 에스토니아에서는 모든 행정 수속을 스마트폰이나 자택에 있는 개인 컴퓨터로 할 수 있게 된 것이다.

---

41) 발트 해 남동 해안에 있는 에스토니아, 라트비아, 리투아니아의 세 공화국을 통틀어 이르는 말. 예부터 강대국의 지배를 받던 3국은 18세기부터는 러시아의 지배를 받았고 20세기 들어서는 각각 독립하여 공화국을 수립하였다. 1934년 발트 3국 동맹을 체결하였으나 1940년 구소련에 합병되었고 1990년 고르바초프의 개혁 정책의 영향으로 1991년 8월에 소련으로부터 독립하게 되었다.

위조지폐와
싸워 온 역사에
종언을 고하다

제4장

가상화폐로
위조화폐가 사라지다

———

　이번 장에서 다룰 주제는 위조화폐, 곧 위조지폐다. 왜 가상화폐를 설명하면서 위조화폐를 다루는 것일까? 그것은 가상화폐가 인류 역사상 제일 위조하기 어려운 화폐이기 때문이다.

　화폐의 역사를 되돌아보면 '위조화폐와 어떻게 맞설 것인가'는 광장히 중요한 주제로 다루어진다는 사실을 발견하게 된다. 위조화폐의 역사는 인류 역사에 화폐제도가 등장함과 동시에 시작되었다. 기독교 십계명에서 말하는 절도, 살인, 폭행, 간음에 위조지폐 제작을 더해 인간의 5대 범죄로 꼽아도 손색없을 만큼 위조화폐는 역사가 오래된 범죄다.

역사를 보면 권력자가 화폐제도를 독점하려 들면 들수록 위조화폐의 가치는 높아졌다. 반대로 권력자가 화폐제도를 독점하려 들지 않으면 사람들은 다양한 화폐를 자유롭게 거래하는 데 이용할 수 있었다. 양화가 악화를 구축[42]하는 것이다.

이런 의미에서 보면 가상화폐란 국가 권력자의 관리를 넘어선 열린 화폐제도선상에 위치하며, 그렇기에 가장 위조하기 어려운 화폐일 수 있다. 가상화폐는 양화로서 악화(국가화폐에 속한 모든 화폐)를 밀어낼 게 틀림없다. 지금 미국과 영국 정부는 바로 이 점을 두려워하여 가상화폐의 기초 기술인 블록체인을 필사적으로 보급하고, 실용화에 몰두하고, 화폐제도로 완성하려는 움직임을 보이고 있다.

가상화폐의 휴대전화 버전이라고도 불리는 '은행 계좌를 무용지물로 만드는 엠페사'를 냉큼 집어삼킨 기업이 영국 보더폰과 미국 아이비엠이라는 사실은 우연이 아니다. 나는 이 부분에서 영

---

42) "악화(惡貨)가 양화(良貨)를 구축(驅逐)한다(Bad money drives out good)"라는 그레셤의 법칙(Gresham's law)을 저자가 거꾸로 뒤집어 "좋은 돈이 널리 유통되어 나쁜 돈을 밀어낸다"라는 의미로 쓴 표현이다. 그레셤의 법칙은 16세기 영국의 재정가 토머스 그레셤(Thomas Gresham)이 엘리자베스 1세에게 올린 편지에서 유래하였으며, "가치가 낮은 것이 널리 유통되어 가치가 높은 것을 밀어낸다"라는 의미로 통용된다. 예컨대 액면가는 같지만 순도가 다른 두 개의 은화가 있다면 사람들은 순도 높은 은화는 집에 보관하고, 은 함량이 낮은 은화를 사용할 테니 결국 시중에는 저급 은화만 유통될 것이다.

국 정부와 미국 정부의 어떤 의도를 느낀다.

각설하고 위조화폐의 무엇이 권력자에게 문제가 되는지 알아보자. 많은 국가가 위조화폐 범죄를 엄한 벌로 다스린다. 왜일까? 위조화폐가 나돌면 권력자가 권좌에서 굴러떨어지기 때문이다. 화폐 발행권을 독점하는 행위 자체가 권력의 원천이자 가장 중요한 핵심이니까.

권력자는 국민에게 독점 발행한 화폐를 사용하도록 강제함으로써 세금을 징수해 군사비를 조달하고, 무기를 구입하고, 군대를 양성하여 국민을 통치한다.

세상에 무보수로 일하는 사람은 아무도 없다. 월급 없이는 누구도 직업 군인이 되지 않고, 돈 없는 사람에게는 누구도 무기를 팔지 않는다. 화약과 탄약도 예외는 아니다. 화약이나 탄약을 손에 넣지 않으면 권력자는 권좌에 머무르지 못한다. 그래서 역사적으로 권력자는 화폐 발행권을 독점하려 애썼고, 권력자를 끌어내리고자 하는 이들은 예로부터 '위조화폐 대량 발행'을 한 가지 수단으로 삼았다. 권력자의 화폐 발행권 독점은 이들과의 싸움이기도 했다.

미국 경제에 불안감을 조성하는
달러 위조지폐 문제

━━━━━

역사상 유명한 위조화폐 제작 사건이라고 하면 두 가지가 즉시 머릿속에 떠오른다. 하나는 나치 독일이 영국 파운드와 미국 달러를 위조한 사건이고, 다른 하나는 1989년 필리핀 마닐라에서 처음 발견된 슈퍼달러[43]이다. 2002년에 유로화폐가 발족하고 오늘에 이르기까지 수많은 유로 위조지폐가 등장했다는 사실도 연이어 떠오른다.

먼저 슈퍼달러의 근황을 설명하고자 한다. 미국 연방수사국에 따르면 슈퍼달러의 최대 제작 기지는 페루다. 더 자세하게는 페루의 수도인 리마 교외에 제조 기지가 있다고 한다.

미국 비밀수사국이 몰수한 슈퍼달러는 2009년 이래 75억 달러라는 고액을 상회한다. 페루 경찰도 연방수사국의 수사에 협력하고 있으나 위조 집단을 근절하기가 좀처럼 쉽지 않은 상황이다. 몰수된 75억의 슈퍼달러가 빙산의 일각인지 아니면 빙산 전체에 가까운지조차도 현재로서는 파악하지 못했다고 한다.

페루에는 달러 위조지폐를 인쇄할 줄 아는 기술자가 몇 명이

---

43) 슈퍼달러(superdolla): 진짜 화폐와 분간이 가지 않을 정도로 정교하게 만들어진 미화(美貨) 100달러짜리 위조지폐. 정식 명칭은 슈퍼노트(supernote)이다.

나 있어서 일주일이면 약 5억 달러쯤 되는 슈퍼달러 인쇄가 가능한 모양이다. 열 명에서 스무 명 사이의 소집단이 초정밀 인쇄기를 갖추고 아지트를 전전하는 것 같다. 이렇게 위조된 슈퍼달러 지폐는 암시장에서 얼마에 거래되는지 아는가? 100달러짜리 위조지폐가 64달러에 거래된다.

미국 달러 위조지폐는 39호실[44]이라는 기관에서도 제작된다. 이곳에서 만드는 달러 위조지폐 역시 슈퍼달러라고 불리며, 위조지폐 판독기로도 분간하지 못할 만큼 정교하게 제작된다고 알려져 있다. 39호실은 북한에 있는 기관이다. 페루에서 제작된 100달러 위조지폐가 암시장에서 64달러로 거래된다고 말했는데, 북한의 슈퍼달러는 가히 완벽한 위조지폐여서 그보다 고가로 거래된다. 미국의 위조화폐 단속기관인 미국 비밀수사국은 39호실에서 제작한 슈퍼달러가 북한의 미사일과 핵무기 개발자금을 조달하는 데 쓰이는 것으로 보고 있다.

진짜 미국 달러 지폐는 미국 면화 75%, 마 25%로 만들어진다. 위조화폐에 쓰인 잉크는 거의 진짜에 가깝기 때문에 사실상 종이의 질이 위조지폐와 진짜를 구분하는 결정적 근거가 될 때가 많다.

---

44) 39호실(Room 39): 북한 조선노동당의 외화 획득기관.

나치가 날조한 세계 최고 수준의 위조지폐

───

이제 나치의 위조화폐 사건 이야기로 넘어가자. 독자 여러분은 '베른하르트 작전'이라는 말을 들어본 적이 있는가? 이것은 제2차 세계대전 때 사용된 나치의 암호명이다. 베른하르트 작전의 목표는 영국 지폐를 대량으로 위조하여 영국 경제를 파괴하는 '비밀 경제 파괴 활동'이었다. 나치가 행한 영국 파운드 위조지폐 제작은 근대의 위조지폐 역사상 가장 규모가 컸다. 베른하르트 작전에 따라 위조된 파운드 지폐는 약 900만 장이 넘고, 금액으로 계산하면 당시의 영국 파운드를 기준으로 1억 3,400만 파운드에 달했다고 한다.

제2차 세계대전 중 영국의 전쟁 수행능력은 파운드에 달려 있었다. 군비로 지급하는 파운드가 어떻게 유통되느냐에 따라 전쟁을 계속할 수 있느냐의 기로에 선 것이다. 만약 파운드 위조지폐가 대량으로 유통되면 화폐의 신용성이 사라져 당장이라도 전쟁 수행능력을 잃을 가능성이 실제로 존재했다.

베른하르트 작전명의 '베른하르트'라는 단어는 파운드 위조계획의 중심인물이던 베른하르트 크뤼거라는 독일 장교의 이름에서 딴 것이다. 파운드 위조단은 비밀리에 조직되었고 위조지폐 기술자 142명은 대부분 아우슈비츠 강제수용소에서 차출한 유대인 인쇄공으로 구성됐다.

화폐 위조가 영국에 발각되었다는 사실을 알아챈 나치 독일은 파운드 위조를 그만두고 미국 달러 위조에 착수했다. 그러나 최초의 한 장을 위조하는 데 성공한 1945년 2월, 유럽전선의 형세가 철저하게 악화되어 "화폐 위조단은 전원 오스트리아 에벤제로 이동하라"는 명령을 받는다. 나치는 대다수가 유대인 포로였던 화폐 위조단이 탄 트럭을 이동 도중에 폭파시킬 계획이었지만 포로들은 중간에 성공적으로 도망쳤다.

전쟁은 끝났고, 위조지폐는 사라졌다. 그렇다면 사라져버린 대량의 파운드 지폐는 어디로 갔을까? 1959년에 에벤제 근처의 토플리츠 호수 바닥에서 위조지폐가 발견되었는데, 호수에서 건진 지폐는 또다시 사라졌다가 기어이 영국 국내로 흘러들었다. 위조지폐를 발견한 영국 정부는 자국 내에 유통되는 5파운드 이상의 지폐를 몽땅 회수하여 신권으로 바꿔야 할 처지에 놓였다. 나치가 위조한 파운드 지폐는 그렇게 정교했다.

나치는 베른하르트 작전을 수행하기 위해 당시로서는 세계 최고 수준의 인쇄기를 모아들였고, 결국 완벽한 파운드 지폐를 인쇄할 수 있었다. 무엇보다 까다로운 부분은 파운드 지폐마다 붙은 번호였다. 이 번호가 어떤 순서로 정해지고, 진짜 지폐에는 어떤 번호가 붙는지 알아내려면 번호에 담긴 암호를 해독해야 했다. 나치의 위조단은 암호를 완전히 해독하여 마침내 위조지폐를 완성했다. 완성된 위조지폐는 영국 정부가 봐도 분간이 가지 않을 정도로 정교했다.

이렇게 완벽한 위조지폐를 영국 정부는 어떻게 알아챘을까? 스파이가 모은 정보 덕분이다. 스파이의 정보를 근거로 영국 시장에 위조지폐가 섞여들었다고 확신한 영국 정부는 파운드 지폐에 붙은 번호를 잉글랜드은행에 기재된 번호와 한 장 한 장 대조했다. 그 결과 이미 회수하여 소각이 끝난 지폐의 번호가 붙은 것이 발견되어 위조지폐라는 판정을 받았다.

나치의 위조지폐 제작 이야기는 '아카데미 외국어 영화상'에 빛난 2007년 작 오스트리아 영화 〈카운터페이터(The Counterfeiter, 2007)〉로 영화화되었다. 〈카운터페이터〉는 나치에게 붙잡힌 살로몬 소로비치라는 유대인 인쇄공을 주인공으로 하여 만들어졌다. 영화 각본은 유대계 슬로바키아인 아돌프 브루거[45]의 기억에 근거하여 쓰였으며, 사실을 충실하게 반영한 명작이라 평가받고 있다.

---

45) 아돌프 브루거(Adolf Burger, 1917~2016): 베른하르트 작전에 투입됐던 유대인. 전쟁이 끝난 뒤 자신의 경험을 책으로 저술했고, 이 책이 〈카운터페이터〉로 영화화되었다.

미국 비밀수사국이
단속하는 것

―――

미수에 그치기는 했으나 나치에게 화폐 위조라는 공격을 당한 영국도 한때 다른 국가를 상대로 화폐 위조에 나선 경험이 있다. 미국 독립전쟁이 개시된 1775년의 일이다. 당시 미국 의회는 역대 최초로 전미(全美) 통합화폐인 콘티넨털을 발행했다. 콘티넨털 화폐 발행의 주된 목적은 독립전쟁의 자금 조달이었다.

독립전쟁은 영국의 새로운 간섭 정책에 반발한 북아메리카의 13개 영국령 식민지가 영국으로부터 독립하고자 벌인 미국 대 영국의 전쟁이다. 영국은 독립전쟁을 저지하고자 콘티넨털 화폐를 대량으로 위조했고, 미국에 몰래 반입하여 마구 뿌려댔다. 결국 콘티넨털은 화폐로서의 가치를 급격히 상실한 끝에 소멸하고 말았다.

이때의 경험으로 미국은 1787년 제정된 미합중국 헌법에 화폐 발행권을 포함시키게 된다. 요컨대 미연방 정부는 헌법으로 각 주의 화폐 발행권을 빼앗아 연방에 집중시킨 것이다. 이후 1791년에 첫 번째 미합중국은행이 설립되면서 화폐 발행권 독점을 시도하였으나 오래도록 갈피를 잡지 못했다.

대통령의 경찰로 알려진 미국 비밀수사국은 원래 위조화폐를 단속하기 위해 조직된 기관이다. 지금도 비밀수사국의 핵심 업무는 위조지폐 단속이다. 역사는 유구하여 1865년 7월 5일까지 거슬러 올라간다.

1861년 시작된 남북전쟁 당시 미국에서 유통되던 화폐는 약 3분의 1이 위조화폐였다. 왜냐하면 독립 이래 1,600곳이 넘는 은행이 난립하여 제각각 화폐를 발행했기 때문이다. 발행된 화폐 종류만 무려 7,000종 이상이었다. 상황이 이러하니 누가 위조화폐를 만들기라도 하면 가짜와 진짜를 구분하기가 곤란했다. 그리하여 아직 남북전쟁 중이던 1863년, 북군의 링컨 대통령은 위조화폐 단속에 박차를 가하고자 전국 통합지폐를 발행했다. 위조화폐 단속을 목적으로 한 미국 비밀수사국은 1865년에 설립되었다.

비밀수사국은 여전히 위조화폐 단속 업무를 수행한다. 이후에 추가된 대통령 경호 업무며 연방수사국 등 수사 당국에게 이어받은 정보수집 업무도 수행하고 있지만 말이다. 비밀수사국은 주된 업무로서 컴퓨터를 사용한 금융범죄 단속 확대에도 주력하고 있다. 이 부류의 금융범죄는 오랫동안 영향을 미쳐서 단속망 규모도 국제적이어야 할 필요가 있다.

비밀수사국은 직원 수가 약 7,000명이나 되는 대부대이며 그들 중 다수는 컴퓨터 엔지니어들이다. 신용카드 정보를 훔쳤느니 백화점 서버에서 고객정보를 훔쳤느니 개인의 직불카드 정보를 훔쳐 은행에서 돈을 인출했느니 하는 범죄도 비밀수사국의 단속 대상이다. 가상화폐 관련 범죄는 당연히 비밀수사국이 단속하는 금융범죄 대상에 들어갈 뿐더러 특히 주목하는 범죄 중 하나이기도 하다.

여하간 비밀수사국의 주요 업무는 단연 위조화폐 박멸이다. 미국 내 금융기관은 위조화폐를 발견했을 때에 곧장 비밀수사국에 통보할 의무가 있다.

가장 초보적인 위조화폐 제작법은 스캐너나 프린터를 이용하는 방식이다. 다행히 프린터 용지는 지폐 용지와 영 딴판이라 금방 들통난다. 한편 해외에서 활동하는 화폐 위조 집단은 훨씬 복잡한 오프셋 인쇄술과 독자적으로 제조한 종이를 사용하기 때문에 위조화폐를 만드는 데도 막대한 비용과 시간이 든다.

미국에서 2014년에 적발된 위조 집단은 뉴저지 주의 체리힐이라는 마을 근처에 창고를 마련하고, 꽤 커다란 오프셋 인쇄기에 재단기며 잉크 배합기 등등 거의 인쇄공장이라고 해도 될 법한 시설을 갖추고 있었다. 공장이 적발된 후 기계들을 다른 곳으로 옮기려고 대형 트럭에 실었더니 한 대로는 모자랄 정도였다고 한다.

미국 비밀수사국과
비트코인의 숨겨진 관계

———

이쯤에서 매우 흥미로운 사실을 언급하고 넘어가야겠다. 그것은 미국 비밀수사국과 비트코인의 관계이다. 2016년 7월, 언론을 통해서 다음과 같은 사건이 보도되었다.

비밀수사국의 수사관이 실크로드라는 비트코인 불법 거래 사이트를 대상으로 강제 수사에 들어갔다. 비밀수사국은 실크로드에서 대량의 비트코인을 압수했다. 압수라고 해도 비트코인은 가상화폐이기 때문에 현금 다발을 압수한 것은 아니고, 컴퓨터상에서 비트코인을 거래하거나 처분하지 못하도록 서버 내에 암호를 걸어 보관했다.

그런데 해당 수사관이 압수한 약 70만 달러 상당의 비트코인을 자기 컴퓨터로 빼돌린 정황이 발각되었다. 사실 비밀수사국이 강제 수사에 들어간 시기는 2014년으로 그때 이미 대량의 비트코인을 압수했던 것이다. 미국 재무부에서는 그것을 비밀수사국 서버가 아닌 더 안전한 장소로 옮길 예정이었으나 실행하지 않은 채 1년 이상 방치했고, 수사관은 이 틈을 노려 제 주머니를 채운 것이다.

수사관의 이름은 션 브리지스. 그는 수사 당국에 체포되어 6년

형을 선고받았다. 그를 체포하는 과정에서 그가 실크로드를 뒷조사하는 동안 이미 비트코인을 훔치기 시작했다는 사실도 추가로 드러났다. 분규에 휘말린 실크로드의 관리자 로스 울브리히트는 급기야 청부 살인까지 저질렀고, 결국 살인미수 죄로 무기징역을 선고받아 현재 복역 중이다.

2016년 7월에 밝혀진 흥미로운 사건이 하나 더 있다. 2016년 6월 3일에 미국 비밀수사국이 코인베이스(https://www.coinbase.com)라는 비트코인 거래 사이트에서 리처드 언더우드라는 남성이 가지고 있던 25비트코인을 압수하고, 그것을 곧장 미국 달러로 바꿔서 총 13,138달러를 압수했다. 도대체 어떤 이유로 리처드 언더우드라는 인물의 비트코인을 압수했는지는 밝혀지지 않았다.

여기서 문제는 비밀수사국이 보유한 기술을 사용하면, '비트코인 익명 거래'를 해도 마치 은행 계좌를 이용한 것처럼 누가 어떤 거래를 했는지 모두 특정할 수 있다는 사실이 노출되었다는 점이다. 미국 비밀수사국의 컴퓨터 기술이 어마어마하게 진보했다는 것을 만천하에 폭로한 경악스러운 사건이었다.

나는 독자 여러분에게 분명히 말씀드리고 싶다. 위에서 언급한 코인베이스는 홈페이지를 보면 알 수 있다시피 440만 명이 이용하는 거대한 가상화폐 거래소이며, 33여 개국에서 40억 달러

상당의 거래가 이루어진다. 코인베이스의 주목할 만한 특징은
만일의 도난에 대비하여 세계적인 보험 회사의 보험을 들었다고
강조한다는 점이다. 가상화폐 거래소와 손해보험 회사의 관계
에 대해서는 다음 장에서 다시 설명하겠다.

비트코인의
안전성을
파헤친다!

제5장

비트코인을 낳은 부모, 수수께끼에 싸인
사토시 나카모토의 정체는?

———

2008년, 암호이론과 연관된 국제 메일링 리스트에 사토시 나카모토[46]라는 인물이 쓴 논문 하나가 올라왔다. 이 수수께끼의 인물은 이듬해인 2009년, 블록체인 기술에 근거한 소프트웨어를 인터넷상에서 공개한 뒤 아담과 이브라고 불러도 무방할 제1호 비트코인을 스스로 채굴했다. 제1호 비트코인에는 2009년 1월 3일 오후 6시 15분 5초라는 기록(타임스탬프)이 찍혔다. 비트코인은 이렇게 생겨났다.

비트코인이 등장하자 가상화폐에도 이목이 집중되었다. 사람들은 사토시 나카모토라는 인물의 정체를 검증하기는커녕 어떤 추궁도 하지 않고 비트코인 투자에 덤벼들었다.

그러나 생각해 보자. 느닷없이 나타난 수수께끼의 인물이 이
토록 수준 높은 정보통신 기술을 구사하고 발표까지 했다. 여기
에 큰 의문을 품지 않고 투자하는 일은 위험천만한 도박이지 않
을까? "비트코인이야말로 가장 안전하게 재산을 저축할 수 있는
방법입니다!"라는 말만 듣고 비트코인의 안전성을 전적으로 믿어
도 될까?

사토시 나카모토라는 인물은 누구이고, 진짜 모습은 무엇인
가. 실은 이것이 내가 이 책을 쓰게 된 큰 동기 중 하나이다. 대체
누가 블록체인 기술을 가상화폐 수준으로 끌어올렸는가.

사토시 나카모토는 일본인 이름을 하고 있지만 정체는 알 수
없다. 무서우리만치 높은 수준의 암호 기술을 소유한 컴퓨터 공
학 숙련자, 그 혹은 그들(집단)은 무엇을 노리고 사토시 나카모
토라는 이름으로 비트코인을 공표했는가.

---

46) Satoshi Nakamoto: 가상화폐에 관심이 있는 사람이라면 한 번씩 들어 봤을 법한 사토시 나카모
토라는 사람은 '일본인이 아닐 거다. 유명한 기업들이 머리글자만 따서 운영하는 것이다' 등의
다양한 소문에 휩싸였다. 그러다 2016년부터 사토시 나카모토는 오스트레일리아의 암호학자인
크레이그 라이트라는 소문이 나기 시작했고 결국 같은 해 5월 2일에 그는 자신이 사토시 나카
모토라고 인정하였다. 그런데 다른 비트코인 개발자들이 "크레이그 라이트가 증거로 제시한 내
용은 핵심 내용이 빠져 있으며 신빙성이 없다"라고 지적하였고 크레이그 라이트는 5월 4일 자신
의 블로그에 이와 관련된 글들을 제기한다. 하지만 다음 날, 전날 올린 글들을 모두 지우고 "죄송
합니다(I'm sorry)"라는 제목의 통지문으로 대체하여 아직 의문이 남은 상태라고 한다.

통상 이러한 지적 재산은 인터넷상에 공표하지 않고 특허를 취득하는 법이다. 블록체인 기술이 세계적으로 주목받는 지금, 특허를 취득하면 막대한 특허 수입을 얻으리라는 점은 불 보듯 뻔하다. 그 엄청난 수입을 포기하면서까지 기술을 공표한 목적은 과연 무엇일까? 이것을 고려하면 비트코인의 정체와 안전성을 단언하기는 어렵다.

그렇다면 어떤 가능성을 따져 보아야 할까? 기술을 누구나 사용할 수 있는 학설로 세상에 발표했을 때 '가장 이득을 보는 자'는 누구일까? 전 세계의 많은 사람이 금융 거래 및 송금에 비트코인을 사용하면 그 결과로 큰 목적을 달성하거나 이득을 보는 인물은 누구일까? 인물이 아니라 기관일지도 모른다. 만약 기관이라면 그곳은 어디에 있을까? 이 질문이야말로 사토시 나카모토의 존재를 가려내는 데 큰 힌트가 된다.

일단 한 가지는 분명하다. 비트코인은 세계에서 컴퓨터 기술이 가장 발달한 곳에서 발신(發信)되었다.

다음은 자금세탁에 대한 규제를 최초로 꺼낸 곳이 어디인지 생각해 봐야 한다. 전 세계에서 일어나는 마약 밀매, 불법 무기 조달, 특히 미사일과 핵탄두 개발에 필요한 자금을 조달하는 데에 어떤 돈이 쓰이는지 생각하면 사토시 나카모토의 소재가 얼추 파악된다.

스위스 은행의 비밀계좌를 깨부수려고 기를 쓴 기관은 어디에 있었나? 불법 침입을 해서라도 모든 은행의 거래 정보를 입수할 수 있는 자는 누구인가? 세계 최초로 비트코인 거래의 익명성을 뚫고 거래자를 특정한 조직은 어디인가? 비트코인 단속에 세계에서 가장 큰 관심을 내비친 곳은 어디인가? 비트코인을 거래 수단으로 인정하는 데 세계에서 가장 적극적인 자는 누구인가?

사이토 나카모토는 틀림없이 이 질문들의 답이 가리키는 방향에 있다.

비트코인이 널리 보급될수록
이득을 보는 자는 누구인가?

―

나는 단순하게 생각하는 것을 매우 좋아하는 사람이니 이 문제도 단순하게 생각해 보겠다. 비트코인이 널리 퍼지면 퍼질수록 이득을 보는 자는 누구인가? 그는 비트코인을 개발하고 그것을 인터넷상에 공개한 자 혹은 기관임에 틀림없다. 하지만 소프트웨어를 인터넷상에 무료로 공개해서 얻는 이득이란 도대체 무엇이란 말인가.

답은 '전 세계에 단 한 명, 오직 개발자만이 익명성 높은 비트코인의 이용자를 특정할 수 있다는 이득'이다.

또 다른 답은 '가상화폐가 세계의 금융시장을, 특히 앞으로 100년간의 금융자본 지도를 근본적으로 뜯어고칠 수 있다는 것'이다. 지금까지 은행의 세계 랭킹은 예금 잔액을 기준으로 매겨졌지만 가상화폐가 보급되고 나면 예금 잔액은 물론 은행 계좌도 의미가 사라져버린다. 앞서 언급한 엠페사 서비스에서 살펴본 대로 사람들이 은행에 돈을 맡기는 의미가 없어지기 때문이다. 그냥 비트코인 같은 가상화폐를 사용해 인터넷에 자산을 보존하면 충분하니까.

앞으로 세계 은행들은 예금 잔액(계좌 총수×각 계좌 잔액)을 자랑하는 대신 '비트코인 보관소'를 제공하는 데 집중하게 될 것이다. 그리고 당분간은 세계의 금융기관이 비트코인과 일반 화폐를 교환하는 업무에 주력하게 되리라. 온갖 화폐가 비트코인으로 교체되면 그 업무마저 끝나겠지만 말이다.

세계의 은행은 예금 잔액이 아닌 비트코인 보관소의 보관량과 안전성으로 경쟁하는 상황에 놓일 수밖에 없다. 이 경쟁에 임하려면 당연히 블록체인에 정통해야 한다. 그럼 이제 문제는 블록체인에 정통한 곳이 어디인가로 옮겨간다. 그곳이 어디인지는 독자 여러분도 이미 알아차렸을 듯싶다. 이 책을 읽으면 답은 저절로 보이게 마련이다.

참고로 현재 비트코인이 사용되는 곳은 애플, 마이크로소프트, 델, 이베이 등이다. 또 비트코인으로 세금을 낼 수 있는 나라도 존재한다. 과연 어디일까? 기업을 나열한 단계에서 상상이 가지 않는가? 답은 미국이다.

사실 현재 미국의 국세청(IRS)은 비트코인 자체로 세금을 내는 것은 인정하지 않는 상태다. 그렇지만 스냅카드⁴⁷⁾(https://www. snapcard.io)라는 회사의 계좌를 이용하면 비트코인으로 세금을 낼 수가 있다. 스냅카드를 인정하는 국가 기관이 국세청인 까닭이다.

미국 재무부 산하의 비밀수사국은 금융 컴퓨터범죄를 단속하는 세계 최정예 부대이다.

2013년에는 중앙정보국(CIA)과 국가안전보장국(NSA)에서 일

---

47) 원서에서는 '스냅카드(https://www.snapcard.io)'라고 적혀 있는데 해당 링크로 접속하면 곧장 '샌드와이어(https://www.sendwyre.com)'라는 사이트로 연결된다. 샌드와이어는 '와이어(Wyre)'라는 블록체인 개발 기업이 만든 국제송금 플랫폼이며 스냅카드가 샌드와이어로 바뀌었다.

48) Edward Joseph Snowden: 에드워드 스노든은 2013년, 가디언지를 통해 미국 내 통화감찰 기록과 PRISM(인터넷 검색 기록이나 이메일 등의 정보를 효율적으로 모아서 불특정 다수 혹은 특정하게 지정된 사람의 정보 속에서 특정 키워드를 뽑아내는 것) 감시 프로그램 등 NSA의 다양한 기밀문서를 공개했다. 그는 이러한 폭로가 대중의 이름으로 자행되고 있으며 대중의 반대편에 있는 일을 그들에게도 알리기 위한 노력이라고 말했다.

했던 컴퓨터 기술자 에드워드 스노든[48]이 미국 정부의 기밀 정보를 누설하고 러시아로 도망친 사건이 일어났고, 2017년 4월에는 에드워드 스노든의 누설을 능가하는 기밀이 '섀도 브로커스'라는 해킹 집단에서 흘러나왔다. 섀도 브로커스가 폭로한 내용은 다음과 같다.

"유럽 벨기에에 본부가 있는 국제송금 시스템 스위프트의 최고 기밀인 개개의 국제송금 정보(누가, 언제, 어디에서, 누구에게, 어느 은행을 통해 얼마를 무슨 목적으로 보냈는지)를 미국 정부가 전부 훔쳤다."

섀도 브로커스는 아무래도 미국의 비밀수사국이 국가안전보장국과 협력하여 정보를 훔친 것 같다고 전했다.

대표적 거래소는 비트스탬프와 비트피닉스

2016년 4월 25일, 유럽 룩셈부르크가 국가적으로는 사상 처음으로 비트코인업체를 환전 업무를 실시하는 결제기관으로 인정했다. 약 2년에 걸친 신중한 심사와 세계적 공인회계사사무소인 언스트앤영의 철저한 감사를 거쳐 첫 인가를 받은 비트코인 거래업체는 비트스탬프이다. 비트스탬프는 젊은 슬로베니아인 기업가 네예치 코드릭이 창업했다.

이로써 비트스탬프는 이튿날부터 유럽연합(EU)의 모든 국가에서 활동할 수 있게 되었다. 비트스탬프(www.bitstamp.net)는 세계에서 제일 유명한 비트코인 거래소이고, 매매 방식도 굉장히 간단하다. 그냥 계좌만 개설하면 된다. 비트코인을 팔 때는 판매 다음 날 미국 달러나 유로로 현금화할 수 있다. 예금도 간편하다. 필요한 자금을 자기 계좌에 신용카드로 보내면 끝이다. 비트스탬프에서 구입한 비트코인은 개인 컴퓨터로 옮겨 둘 수도 있고 비트스탬프에 맡겨 둘 수도 있다. 비트스탬프를 통해 제삼자에게 송금하는 일도 굉장히 손쉽다.

다른 비트코인 거래소로는 세계 최대 거래소인 비트피닉스(www.bitfinex.com)가 있다. 비트피닉스는 미국인 고객의 경우에는 BFXNA 및 아이피닉스(iFinex)라는 이름으로 회사를 달리하며, 양쪽 모두 영국령 버진아일랜드에 법인으로 등록된 비트코인 거래소이다. 비트피닉스의 특징은 본인이 소지한 비트코인량 대비 3.3배까지 마진거래[49]가 가능하다는 점이다. 다시 말하면 실

---

49) 마진거래(margin transaction): 미국 증권시장에서 쓰이는 주식매매 방법. 신용을 바탕으로 하여 보증금만 내고 유가증권을 매매한다.

제 자금력에 한계가 있어도 비트피닉스에서 돈을 빌려 3.3배까지 자금을 운용할 수 있다는 뜻이다.

비트코인 선진국
룩셈부르크의 가능성

━━━

유럽의 소국인 룩셈부르크는 앞서 소개했다시피 비트코인 거래업체인 비트스탬프를 세계 최초로 결제기관으로서 인가한 국가다. 룩셈부르크는 57만 6,000명이라는 적은 인구수에도 유럽연합에 가맹한 경제 대국이다. 스위스를 잇는 세계은행이 진출하여 전 세계 부유층의 예금을 대량 축적하고 있다. 과세율까지 낮아서 조세 피난처(tax haven)로서도 오랜 주목을 받아왔다.

룩셈부르크에 특징을 부여하는 점이 한 가지 더 있다. 인터넷 속도다. 룩셈부르크의 인터넷 속도는 유럽 제일이라고 할 만큼 독보적으로 빠르다. 그래서인지 이곳에는 IT기업들이 속속 모여

---

50) 데이터센터(data center): 컴퓨터 시스템과 통신장비, 저장장치 등이 설치된 시설.

든다. 특히 금융기관 산하의 인터넷기업은 제각기 부서를 뒀을 정도다. 이 작은 나라에 20곳이나 되는 데이터센터[50]가 모여 있다. 유럽의 전자정보 허브가 된 것이다.

투자펀드가 집중된 곳이라는 점도 룩셈부르크를 특색 있게 만든다. 투자펀드가 세계에서 가장 많은 국가는 물론 미국이지만 바로 그다음이 룩셈부르크다. 인터넷을 사용하는 금융기업의 대다수가 이곳에 본부를 둔 이유다. 실제로 아마존, 스카이프, 페이팔 등등 여러 기업이 지급거래결제 본부(payment headquarter)를 룩셈부르크에 둔 상태다.

룩셈부르크는 지금 국가를 걸고 디지털 금융서비스의 중심이 되려 한다. 세계의 비트코인 센터가 될 작정이라는 뜻이다. 룩셈부르크는 가상화폐 관련 스타트업 기업을 자국 내로 불러들이기 위해 펀드까지 만들었다. 이미 룩셈부르크에는 전 세계 144곳의 은행과 전자결제기업 8곳, 전자상거래기업 14곳이 진출했다. 보험회사는 94곳, 재보험회사는 226곳, 사모펀드[51]는 50곳, 투자펀드는 800곳을 넘어섰다. 세계 50여 개국에서 모인 기업들이 룩셈부르크라는 소국에 집중되어 있는 것이다.

---

51) 사모펀드(Private Equity Fund): 소수 투자자의 자금을 비공개로 모아서 주식이나 채권에 투자하는 고수익 투자회사.

룩셈부르크는 국가 정책으로서 가상화폐와 블록체인을 인정하고, 비트코인에 규제망을 씌우는 대신 철저하게 보호하며 발전을 촉구한다.

어디에 비트코인을
맡겨야 안심일까?

──────

비트코인을 손에 넣었다면 자기 컴퓨터나 유에스비(USB) 등에 보관하는 것도 한 가지 방법이다. 다만 이 경우에는 화재가 발생하거나 도난을 당하거나 컴퓨터 하드디스크가 망가지거나 유에스비를 분실하면 대책이 없다. 원래 디지털 정보는 기록 매체의 품질 저하로 인해 보존 기간이 그리 길지만은 않다.

세계적으로는 먼저 소개한 비트코인 보관소(storage)에 맡기는 추세다. 비트코인 보관소는 꽤 많다. 문제는 '그중 어디가 가장 신뢰할 만한 곳인가'라는 점이다. 믿음직하지 않은 곳에 비트코인을 맡겼다가는 고양이에게 생선을 맡긴 격이 된다. 해커, 자기손실[52], 기록소실에 대한 대책이 완벽하지 않다면 그곳을 안전한 보관소라고 보기는 어렵다.

그렇게 생각하면 우선 온라인 보관소는 위험하니 오프라인 보관소를 선택하게 된다. 인터넷에 연결된 온라인 보관소에는 언제 해커가 침입할지 모른다. 오프라인 보관소라면 해킹 걱정은 없지만 거대한 보관 장소를 확보해야 한다. 더구나 현실적으로 데이터 출납이라는 문제가 있으니 보관소를 100% 오프라인에 두는 것도 사실은 불가능하다. 그 때문에 조금씩 온라인으로 끄집어내는 방법으로 거래하는 것인데, 가령 비트피닉스에서는 99.5%를 온라인에 저장한다. 보관소를 오프라인에 마련할 때는 장소 자체가 완전히 비밀에 부쳐져야 하고, 경비원도 붙어야 한다. 또한 자연재해로부터 완벽하게 보호되는 상태여야 안심할 만하다.

과연 이런 보관소는 어떻게 찾아야 할까? 보관 서비스를 제공하는 회사는 비트코인 보유자들의 신용을 얻기 위해 보험회사에 보험을 들어서 안전성을 담보한다. 신용 등급이 AAA이거나 혹은 AA인 보험회사가 보험을 제공한다면 그만큼 안전성이 높고 확실하다는 뜻이 된다. 독자 여러분이 비트코인을 소유하여 보관소를 골라야 하는 입장이라면 세계 최고 수준의 보험회사에

---

52) 자기손실(磁氣損失): 자성을 띤 재료에 교류 자기장을 가할 때 발열 작용이 일어나 에너지가 손실되는 현상.

보험을 들었는지 들지 않았는지를 확인해야 한다. 이것은 매우 중요한 기준이며, 세계적 수준의 보험회사는 그 숫자가 한정적이다.

보험에 가입하지 않은 보관소에 비트코인을 맡겼는데, 해커가 침입하여 비트코인이 사라지기라도 하면 비례배분에 근거한 금액 손실이 발생한다. 비트코인 보관소가 예치된 비트코인의 절반을 빼앗기면 비례배분에 따라 고객의 재산도 반 토막이 난다는 소리다.

보관 서비스에 대한 손해보험을 든 비트코인 거래소로 일립틱(https://www.elliptic.co)이 있다. 일립틱은 2014년 1월에 런던의 보험회사인 로이즈에서 손해보험을 들었다. 일립틱 역시 런던에 위치한 비트코인 회사이며 일립틱볼트(Elliptic Vault)라는 보관 서비스를 개시했다. '일립틱 엔터프라이즈'가 정식 명칭인 일립틱은 세계의 세무서, 조사기관, 사법 당국의 의뢰를 받아 자금 세탁이 목적인 비트코인 거래를 조사·분석하여 범인을 알아내는 기술을 보유한 회사다. 미국 비밀수사국의 민간 버전으로는 최고라는 평가를 듣고 있다.

매우 강력한 암호화 기술과 완전히 오프라인화하여 삼엄한 경비 태세를 갖춘 보관소, 여기에 로이즈 보험의 손해보험까지 그야말로 딥 콜드 스토리지(deep cold storage)가 따로 없다. 안전성을 이중으로 확보하고 있다는 이야기다. 덧붙여 로이즈의 보험료는 비트코인 이용자가 지급하고 결제는 비트코인으로도 가능하다.

가장 믿음직한
비트코인 보관소란?

———

독자 여러분 중에는 필자인 나 이시즈미 간지에게 안전한 비트코인 보관소를 소개받고 싶다고 생각하거나 '왜 그런 안전한 보관소를 책에서 소개해 주지 않는가?'라고 의아해하는 사람도 있을 듯싶다. 유감스럽지만 그것은 불가능한 일이다. 모쪼록 독자 여러분이 직접 조사하여 보관소를 찾아내야 한다는 것이 내 생각이다.

왜냐하면 무릇 책이라는 물건은 글을 쓰고 출판이 되어 어느 정도 시간이 흐른 뒤에야 독자의 손에 건네지기 때문이다. 책에 담긴 정보는 최신 정보가 아닐 수밖에 없다. 최신 정보는 시시각각 변화하기 때문에 독자 여러분이 정보를 직접 수집할 필요가 있다.

앞으로 비트코인 보관소는 세계 최고 수준의 손해보험회사가 보험을 담보하는 곳이 아니거나 은행처럼 자기자본이 충분한 곳이 아니라면 아무도 이용하지 않을 것이다. 자기자본이 충실하다는 말을 영어로 'bonded'라고 한다. bond(채권)를 예금담보로 비축하는 업자가 아니면 유사시 손해보험의 면책 부분을 부담하게 될지도 모른다.

손해보험회사는 유사시에 발생한 손실을 100% 다 보상하지 않는다. 보통 50% 정도만 보상하고 나머지 50%는 비트코인을 맡긴 사람이 부담해야 한다. 이런 연유로 비트코인업체는 채권을 세계 일류 은행에 비축한다. 이른바 예금담보다. 'Insured(보험으로 보증되고) and bonded(예금담보가 있다)'가 아닌 곳은 안전한 비트코인 보관소가 아니다. 독자 여러분은 꼭 'Insured and bonded'인 비트코인 보관소를 이용하기 바란다.

덧붙여 비트코인 거래소에 해커가 침입했을 때, 이를 철두철미하게 조사하여 침입 경로와 해커를 밝혀내는 회사가 있다. 레저랩스(https://ledgerlabs.com)라는 회사다. 비트피닉스가 해커에게 공격당해 6,500만 달러 상당의 비트코인이 소실된 사건도 레저랩스가 조사를 맡았다. 미국 국가안정보장국의 민간 버전인 셈이다.

비트코인 자동인출기가 있는 국가, 스위스의 현황

─────

룩셈부르크와 마찬가지로 유럽에서 비트코인과 블록체인에 열성적인 국가를 꼽으라면 단연 스위스다. 세계에 자랑할 만한 은행을 지닌 이 국가도 블록체인을 도입하여 금융 산업의 중심으로 우뚝 서고자 애쓰고 있다.

스위스의 추크라는 마을에서는 2016년 5월에 관공서 안에서 비트코인 사용을 인정한다고 발표했다. 비단 발표만 한 것으로 그친 것이 아니라 실제로 관공서에서 비트코인 결제가 가능하게 됐다. 비트코인을 정식 화폐로 인정하고 결제수단으로 사용하게 한 것은 공공기관의 최초 사례다. 사실 추크가 스위스의 비트코인 센터로 이름을 드높인 데는 이유가 있다. 스위스 중앙에 위치한 추크 지방은 미국의 실리콘밸리를 흉내 내어 '가상화폐밸리'라고 불릴 만큼 블록체인 관련 IT 기업이 이미 수십 곳이나 진출한 마을이다.

왜 추크에 핀테크 기업들이 모여들었을까? 첫 번째 이유는 스위스의 세금제도에 있다. 법인세가 굉장히 저렴한 데다 비트코인 같은 가상화폐는 외국화폐로 인정받아 소비세도 부과되지 않는다. 게다가 마을 자체가 "새로운 금융기술이여, 어서 추

크로 오라!" 하는 분위기여서 비트코인 관련 기업을 유치하는
데에 특히 열정적이다.

비트코인 지갑 서비스를 제공하는 자포(https://xapo.com)라
는 기업도 추크에 본거를 둔 회사다. 자포는 은행 직불카드가
사용되는 곳이라면 어디서나 비트코인을 쓸 수 있도록 하는 서
비스를 제공한다. 우리가 이 회사에 주목할 만한 점은 미국의 전
재무부장관인 로렌스 서머스가 자포의 고문으로 취임했다는 사
실이다.

IT기술을 구사한 금융서비스를 핀테크라고 부르는데, 스위
스의 신생 핀테크 기업으로서 현재 가장 주목받는 곳은 모네타
스AG(https://monetas.net)다. 2015년에 스위스가 수여하는 핀
테크 표창을 받았고, '세계에서 가장 발전된 핀테크 기업' 50위에
도 들었다.

심지어 스위스에는 비트코인 자동인출기(ATM)까지 존재한
다. 운영 주체는 비트코인스위스(https://www.bitcoinsuisse.ch)
라는 회사로 취리히, 베른, 바젤 등등 스위스 각지에 비트코인
자동인출기를 설치했다. 이용법도 간단해서 유로로 스위스 프
랑을 넣으면 본인 소유의 단말기 등에 비트코인이 충전된다. 역
으로 비트코인을 스위스 프랑이나 유로로 인출할 수도 있으며
수수료는 5%이다. 단, 스위스 바르에 있는 본사에서는 3.75%

만 뗀다.

물론 비트코인스위스도 정부 규제를 통과하여 정식 인가를 받은 기업이다. 스위스에는 '스위스 비트코인협회'라는 비트코인 조합도 있다. 이 조합은 비트코인에 대한 의식을 계몽하고, 비트코인을 보급하는 데 힘쓰는 기관이다. 여기서 한 걸음 더 나아가 가상화폐 보급을 꾀하는 '스위스 디지털금융협회'라는 업계 단체도 있다.

영국에서는 비트코인으로
커피를 사 마시는 일이 흔해졌다

━━━━

영국 금융감독원(FCA)은 룩셈부르크와 스위스에 대항하여 세계에 앞장서는 비트코인센터를 만들기 위해 런던 지역을 중심으로 해서 블록체인 개발 기업을 모집할 계획이다. 2016년에는 세계의 스타트업 기업 177곳을 선별하고, 그중 심사를 통과한 44곳을 정식으로 인가할 예정이라고 발표하기도 했다.

금융감독원 전략경쟁 부문 담당자인 크리스토퍼 울라드는 이렇게 말했다.

"우리 영국 금융감독원은 블록체인이라는 기술이 무궁무진한 가능성을 가졌다고 생각한다. 우리는 이 기술이 영국 금융업계에 어떤 혁명을 불러올지 하루빨리 확인해야 한다. 따라서 전 세계의 스타트업 기업을 영국에 불러들이기로 했다."

영국에서 인가한 기업 중 하나로 크레디트[53](http://credits.vision)가 있다. 크레디트는 주문 제작형(custom made) 블록체인을 만들어 주는 서비스를 제공한다.

크레디트의 창업자 닉 윌리엄슨에 대해 간략히 설명하자면, 미국 일리노이 공과대학 졸업생으로 헤지펀드[54] 업계에 종사하던 그는 포커 선수이기도 한데, 자신의 포커 기술을 활용하여 금융업계에 혁명을 불러왔다고 한다. 이후 게임 회사에 고용되어 근무하다가 블록체인 기술과 만난 것을 계기로 크레디트를 창업했다.

영국에는 레스토랑이 몇 만 군데나 있다. 그중 비트코인으로 결제가 가능한 레스토랑은 2017년 1월 기준으로 약 7,500

---

53) 기업명과 사이트 주소는 맞는 것으로 확인되지만 해당 링크로 접속하면 "페이지를 찾을 수 없다"라는 내용만 나온다. 기업 페이스북이나 트위터는 열려 있지만 2017년 2~3월 이후로 업데이트가 멈춘 상태다.

54) 헤지펀드(hedge fund): 소수의 투자자로부터 자금을 모집하여 운영하는 일종의 사모펀드로, 시장상황에 개의치 않고 절대수익을 추구한다는 특징이 있다.

곳이다. 하물며 계속 숫자가 늘어나는 중이니 이 책이 출판될 즈음에는 10,000곳을 넘어설 듯하다. 예를 들면 런던 동부 스트랫퍼드에 있는 소밀 카페(Sawmill cafe)에서는 0.00000001 비트코인으로 커피 한 잔을 마실 수 있다. 영국식 선술집인 펍 중에서 비트코인 결제를 인정한 곳은 잉글랜드 동부 노리치의 화이트라이언(White Lion)과 더 펨버리 터번 인 해크니(The Pembury Tavern in Hackney), 케임브리지의 더 헤이메이커스(The Haymakers), 피터버러의 콜히버스 암스(Coalheavers Arms) 등등이다.

에이트볼 바이크스(http://www.8ballbikes.co.uk)에서는 비트코인으로 자전거를 대여할 수 있고, 헤리퍼드셔 지역에서는 택시 요금을 비트코인으로 계산해도 된다. 비트코인으로 웨딩드레스 비용을 지급할 수 있는 걸미츠드레스(http://www.girlmeetsdress.com)라는 사이트도 있다. 이사 업체인 이스트 런던 맨 위드 어 밴(East London Man with a Van)도 비트코인 결제를 인정한다. 이처럼 비트코인으로 결제할 수 있는 업체는 하루가 다르게 증가하고 있다.

영국, 룩셈부르크, 스위스 삼국은 비트코인 트라이앵글이라고 정의할 만하다. 그렇다고 삼국에서만 비트코인을 결제 수단으로 사용한다는 말은 아니다.

2016년부터 이탈리아 로마에서도 택시비로 비트코인을 낼 수 있게 되었다. 이 서비스는 블록스트림(https://blockstream.com)에서 제공하는 사이드체인이라는 어플리케이션을 통해 실현되었다.

러시아 기업가가 만든
크립토페이·미

———

비자카드 사용이 가능한 곳이라면 언제 어디에서나 비트코인 직불카드를 쓸 수 있는 서비스도 있다. 크립토페이·미(https://cryptopay.me)라는 회사가 발행하는 비트코인 직불카드가 그것이다.

사용방법은 무척 간단하다. 크립토페이·미에서 지갑을 개설한 다음 비트코인 직불카드를 발급받으면 끝이다. 따로 은행 계좌를 개설할 필요도 없다.

크립토페이·미의 지갑에는 비트코인뿐 아니라 유로, 미국 달러, 영국 파운드까지 넣고 뺄 수도 있다. 해외송금도 이메일 보내기만큼이나 간편하고, 수수료가 매우 싸다. 이를테면 필리핀 사람에게 돈을 보낼 때 크립토페이·미를 이용해 비트코인으로 송금하면 수취인은 필리핀 페소나 달러로 받을 수 있다. 송금인이 유로를 보내도 수취인은 필리핀 페소와 미국 달러 어느 쪽으로든 받을 수 있다.

크립토페이·미는 2013년에 러시아 청년 셋이 페테르부르크에서 시작한 가상화폐 비즈니스다. 백오피스[55]는 러시아지만 현재 본사는 런던에 두고 있다.

미국에서 주목받는
벤모란?

미국에서는 현재 벤모(https://venmo.com)라는 스마트폰 어플리케이션이 인기를 끌고 있다. 벤모란 한마디로 미국 버전 엠페사다. 가상화폐의 일종인 벤모는 친구끼리 밥값을 추렴할 때라든가 몇 명이서 함께 택시를 타고 요금을 분담할 때 손쉽게 사용이 가능한 결제 시스템이다. 벤모 계좌를 개설해 두면 계좌

---

55) 백오피스(back office): 후방에서 업무를 도와주는 부서. 거래체결과 직접적인 관련 없이, 체결 이후 과정이나 기타 지원 업무를 맡는다.

에 쌓인 금액 한도에서 즉시 송금하거나 은행 계좌 및 신용카드와 연동하여 돈을 보낼 수 있다.

당연히 이런 시스템을 운영할 때에는 정보를 비밀리에 보호할 암호화번호가 요구된다. 돈이 누군가에게 멋대로 송금되지 않도록 서버 주소가 극비리에 유지되며, 모든 개인정보는 그곳에 축적된다. 이쪽 정보도 물론 암호화된다.

만에 하나 스마트폰을 분실했을 경우에는 즉시 벤모 계좌를 동결할 수 있다. 벤모는 친한 친구 사이라든가 오래도록 알고 지내 온 집주인 혹은 단골 거래처 등등 신용할 수 있는 상대하고만 거래가 가능한 시스템이다. 신용카드와는 다르게 생전 처음 보는 제삼자하고는 애당초 거래하지 못하게끔 설계되어 있는데, 오히려 이 점이 신용을 높여 주었다.

벤모에서는 이미 2015년에 75억 달러, 일본 엔으로 환산하면 7,800억 엔의 송금이 이루어졌다. 요컨대 미국에서 은행 송금이라는 방식이 무용지물 되는 데에 가속도가 붙게 된 것이다. 2016년에는 아마 150억 달러, 일본 엔으로 1조 5,600억 엔가량이 벤모를 통해 송금될 것으로 보인다.

벤모는 1학년 때 기숙사에서 만난 펜실베이니아 대학 학생 두 명이 개발했다. 앤드류 코티나와 이크람 마그돈 이스마일, 두 사람은 스마트폰 송금 절차를 간소화하자는 생각으로 벤모 개발을 떠올렸다.

현재 미국에서 스마트폰을 이용하는 송금은 대형 은행의 서비스로 제공되고 있으나 처음 보내는 사람에게 송금할 때에는 몹시 번거로운 절차를 밟아야 한다. 그도 그럴 것이 첫 거래에는 불법 송금의 우려가 존재하기 때문이다. 은행으로서는 아무래도 해커일 가능성을 고려할 수밖에 없다.

어쨌거나 이용자는 불편할 따름이라 대학생인 두 사람은 2009년에 벤모라는 시스템을 고안해 낸다. 그리고 3년 뒤 페이팔의 자회사인 브레인트리(https://www.braintreepayments.com)가 벤모를 매수했고, 2013년에는 페이팔이 흡수했다.

벤모는 신용카드를 쫓아낸다

사실 친구끼리 돈을 부치는 형태인 벤모의 송금 절차는 소셜 네트워크에 가까웠다. 그랬던 것이 2016년 1월부터 신용카드나 다름없이 레스토랑 결제가 가능하고 상품 판매점까지 저변을 확대하고 있다.

왜 소셜 네트워크에 가깝다는 평가를 하는가 하면 벤모를 사용해 송금하면 누가 누구에게 돈을 보냈는지 친구들 사이에 공개되기 때문이다. 비공개도 가능하지만 대부분의 이용자는 공개를 선택한다. 단, 결제 금액은 공개되지 않는다.

미국에서 벤모가 가속도를 붙여 확산된 이유는 미국에 신용카드 해킹 피해가 워낙 흔하기 때문이다. 가게에서 물건을 사고 카드를 건넬 때마다 '내 카드 정보가 복사될지 모른다'라는 공포가 따라붙을 정도다. 하지만 벤모를 쓰면 가게에 카드정보를 건네지 않아도 되니 은행 계좌 정보가 상대방에게 건네질 일이 없다. 현재 벤모 결제를 허용하는 온라인 쇼핑몰은 11곳이며, 집주인에게 아파트 집세를 내는 등의 고정적 지출 용도로 벤모를 쓰는 경우가 가장 많다고 한다. 쇼핑 같은 용도는 앞으로 차차 확충될 것으로 본다.

자기 친구에게 벤모를 이용해 송금하면 계좌에 잔액이 남아 있는 한 수수료가 0원이라는 점도 벤모의 장점이다. 기존의 은행 송금은 으레 수수료가 발생한다. 알다시피 일본에서는 일본인끼리 송금할 때도 솔직히 비싼 수수료가 드는데, 미국에서는 벤모 덕분에 송금 수수료를 내는 사람이 줄어들고 있다. 다들 벤모로 갈아타고 있으니 당연한 결과다.

벤모 계좌에 보관되는 잔액은 무슨 돈일까? 일단 미국에서 사용하는 시스템이니만큼 금액은 달러로 표시되지만 기실 이것은 가상화폐 그 자체다. 거의 비트코인이라고 봐도 손색이 없다. 이렇게 벤모의 전자지갑 시스템과 비트코인 시스템 사이에는 장벽이라고 할 만한 것이 없다시피 해서 점점 은행 업무를 잠식하고 있다. 일본처럼 '송금하려면 은행 송금뿐'인 국가는 국제 금융 시스템에서 일찌감치 쫓겨나 전 세계의 이용자가 일본을 기피하는 상황이 올지도 모른다.

벤모의 사례가 보여주듯이 미국에서는 송금 수수료 무료화 서비스도 갈수록 빠른 속도로 확산되는 중이다.

벤모 이외의 사례를 한 가지 더 소개하면, 뉴스회사인 시엔엔(CNN)이 시작한 머니트랜스퍼스(https://cnnmoneytransfers.com) 서비스가 있다. 이 서비스는 미국 내 송금뿐 아니라 해외송금까지 무료로 실시한다. 서비스 플랫폼은 런던에 있는 머니코프(https://www.moneycorp.com/uk/)라는 기업이 제공하고 있다. 머니코프는 영국에서 정식으로 인가를 받은 기업이다.

참고로 머니트랜스퍼스 서비스에 인프라를 제공하는 런던의 머니코프는 전 세계에 720만 명의 고객을 가지고 있으며, 2015년에는 226억 6,000만 파운드(일본 엔으로 약 2조 9,057억 엔) 규모의 국내외 송금을 처리했다. 또한 머니코프는 환전할 때 런던의 다른 어떤 은행보다 유리한 환율을 적용하는 35년 역사의 금융기관이다.

2017년에는 런던에 있는 세계의 대형 은행들도 이에 질세라 해외송금 수수료를 대폭 할인하는 서비스를 시작했다. 그 필두에는 홍콩·상하이은행이 있다. 이제는 개인이 세계화폐 계좌를 개설하고 나면 스마트폰으로 단돈 400엔(4달러 상당)에 송금이 가능하게 되었다.

대형 은행이 집결하여
만든 송금 시스템, 젤

벤모와 같은 송금 시스템이 보급되면 자신들의 미래가 사라질 것을 간파한 미국의 대형 은행들은 벤모에 대적할 어플리케이션을 발 빠르게 제작했다. 젤(https://www.zellepay.com)이라는 어플리케이션이다.

젤에 대하여 짤막하게 설명하자면 젤에 참가한 은행은 JP모건, 뱅크오브아메리카, 웰스파고은행 등등 세계 20위권 내에 드는 미국의 대형 금융기관을 거의 망라한다. 계획상으로는 2017년에 7,600만 명의 이용자를 확보할 예정이다. 젤도 벤모와 똑같이 이메일이나 스마트폰 전화번호만 있으면 눈 깜짝할 새 송금이 끝난다. 달리 더 해야 할 일이라고는 어플리케이션 다운로드밖에 없다.

미국인이 1년 동안 송금하는 금액을 일본 엔으로 환산하면 약 125조 엔을 웃돈다. 금융기관으로서는 알짜배기 같은 송금 사업을 벤모에게 빼앗겨서야 곤란하다. 그런데 벤모는 송금 수수료가 무료라 미국인이 은행에 돈을 맡겨야 할 이유를 없애 버린다. 은행에서 현금이 사라지는 날이 어느새 코앞까지 다가온 것이다.

그렇게 궁지에 몰린 미국의 대형 금융기관이 서둘러 만든 것이 바로 젤이다. JP모건은 모바일로 이용하는 퀵페이(QuickPay)라는 독자적 시스템을 보유하고 있지만 전부 젤로 통합할 의향을 내비쳤다.

그런데 미국에서 해외송금까지 무료로 실시하는 커런시스다이렉트(https://www.currenciesdirect.com/en)라는 사이트가 등장했다. 이 회사는 가령 영국 파운드를 유로로 송금하고 싶을 때, 자동으로 환전까지 해 주어서 송금이 한 방에 끝나는 서비스를 제공한다.

일본에 있는 은행이라면 해외로 송금하는 데 수수료가 수천 엔이나 발생하는데, 커런시스다이렉트를 이용하면 말 그대로 공짜다. 환전도 동네 환전소보다 압도적으로 유리한 환율로 해준다. 일본처럼 본인이 출두해서 송금 목적을 증명할 증거를 내놓으라는 둥 등기부등본을 가져오라는 둥 하는 성가신 요구는 전혀 하지 않는다.

미국에서 큰 화제!
비트페이와 코인베이스

———

　물론 미국에서는 비트코인도 받아들이고 있다. 여기에는 다음 두 회사의 존재가 크게 작용했다. 하나는 비트페이(https://bitpay.com), 다른 하나는 코인베이스(https://www.coinbase.com/)라는 회사다. 두 회사가 있는 덕분에 미국에서는 비트코인을 결제수단으로 인정하는 곳이 확대되는 중이다.

　코인베이스와 비트페이는 둘 다 세계 최대급 비트코인 교환소이다. 비트코인을 무엇으로 교환하는지 살펴보면 대개는 미국 달러다. 미국 상장회사의 결산은 다 미국 달러로 이루어진다. 유가증권 보고서도 미국 달러로 기재된다. 그렇다 보니 비트코인 역시 달러로 교환할 수밖에 없다. 이때 사용되는 곳이 코인베이스와 비트페이다.

코인베이스 사이트에 따르면 이곳에서는 50억 달러의 비트코인이 교환되었고, 33여 개국 460만 명의 고객이 코인베이스를 이용한다고 한다. 코인베이스는 해킹 피해에 대한 손해보험까지 가입한 몇 안 되는 교환업체 중 한 곳이다.

비트페이는 2011년에 스티븐 페어와 토니 갈리피라는 두 사람이 창업했다. 비트페이에서는 사업자와 상점이 비트코인 결제를 도입할 수 있는 시스템을 제공한다. 비트페이는 2012년 조지아 주 애틀랜타에서 개업하여 2013년에는 10,000곳의 회사와 계약을 체결했다. 2014년에는 샌프란시스코와 암스테르담에 지점을 냈고, 같은 해 5월에 시리즈A(막 창업한 스타트업 기업이 벤처캐피털을 상대로 실시하는 상담)에서 30억 엔 상당의 자금을 조달했다. 그리고 2015년에는 60,000곳에 이르는 회사에 서비스를 제공했다.

다시 말해 비트페이는 고객이 비트코인으로 결제할 때 그것을 순식간에 달러나 유로나 파운드로 환전해 사업자에게 건네는 플랫폼을 제공함으로써, 사업자가 가격 변동에서 자유로울 수 있게 도와준다.

비트페이가 비약하게 된 가장 큰 계기는 2013년 12월, 홍콩 제일가는 부자인 리카싱이 비트페이에 27억 달러를 투자한 일이다. 비트페이는 이 일을 계기로 이듬해인 2014년 5월, 펀드를 통해 300억 달러의 자금 조달에 성공했다. 펀드 참가자 중에는 버진그룹의 리처드 브랜슨과 야후 창업자인 제리 양도 포함되어 있다.

비트페이의 창업자인 스티븐 페어는 2013년 11월 8일에 매사추세츠 공과대학(MIT)에서 '비트코인이란 무엇인가'라는 주제로 강연을 했다. 아래 내용은 이 강연을 내 나름대로 편집해서 요약한 것이다.

비트코인이 무엇인지 이해하려면 돈이 무엇인지 이해해야 한다. 돈이란 무엇인가? 돈은 프로토콜(protocol), 즉 절차다. 돈이 돈답기 위해서는 그것이 일정한 프로토콜을 따라야만 한다. 상거래에서 사람들이 따라야 하는 프로토콜은 '유니폼 커머셜 코드(uniform commercial code)'라는 미국 법률로 정해져 있다. 반면 돈이 따라야 하는 프로토콜은 컴퓨터상에 정해져 있다.

돈이 따라야 하는 프로토콜이란 무엇인가. 그것은 가치(value)를 어떻게 측정하는가를 가리킨다.

그동안 화폐라는 결제수단이 지나온 길을 돌아보면 고대 물물교환에서 시작하여 금화·은화·동화와 같은 동전, 11세기 이후의 지폐, 20세기 중반에 등장한 신용카드로 대표되는 전자화폐 그리고 21세기의 가상화폐인 비트코인까지 그 형태는 계속 변화해 오고 있다.

운반이 쉽기 때문에 동전에서 지폐로 바뀌었고 지금은 신용카드 한 장이면 동전이나 지폐 없이도 살아갈 수가 있다.

일본인은 물론 미국과 유럽, 아프리카, 아시아까지 전 세계 많은 나라의 직장인들은 지폐로 급여를 받는 경우가 거의 없다. 회사에서 보낸 월급은 그들이 가지고 있는 통장에 숫자로 찍힐 뿐이다. 말 그대로 전자화폐다.

지금껏 불가능했던 일을 가능하게 만든 비트코인. 지금까지는 어느 지점에서 어느 지점으로, 혹은 이 사람이 저 사람에게로 돈을 보내려면 은행과 같은 중개자를 가치는 방법밖에 없었지만 비트코인을 사용하면 이런 중개자는 거치지 않아도 된다. 정말 멋진 방법 아닌가?

심지어 돈을 보내는 쪽이나 받는 쪽 모두 은행 계좌를 가질 필요가 없다. 컴퓨터나 스마트폰이 있다면 아마존 밀림에 있더라도 돈을 받을 수 있기 때문에 은행 계좌 따위는 전혀 필요하지 않다.

기존의 송금 시스템은 중간에 사람, 은행, 송금업체가 껴 있는 까닭에 보내는 금액과 도착하는 금액이 서로 달랐다. 중개자가 수수료를 착취하기 때문이다. 거기에 시간마저 오래 걸린다.

하지만 비트코인은 이 모든 걱정을 할 필요가 없다. 비트코인을 이용하면 송금하려는 금액이 그대로 순식간에 상대방의 지갑으로 들어간다. 물론 보내는 사람과 받는 사람 모두 동일한 소프트웨어를 다운받아야 한다.

비트코인을 이용해서 돈을 보내기 위해서는 먼저 비트코인을 가지고 있어야 한다. 그렇다면 어떻게 비트코인을 가질 수 있을까? 두 가지 방법이 있다. 비트코인을 채굴하거나 혹은 구입하는 것.

비트코인의 본질적 가치(intrinsic value)는 벌어야 한다는 데 있다. 다른 모든 화폐가 그러하듯 그 돈을 얻으려면 땀 흘려 일하거나(채굴하거나) 혹은 구입해야 한다는 것. 바로 여기에 비트코인의 본질적 가치가 존재한다.

독자 여러분은 다이너스클럽 카드를 본 적이 있는가? 앞에서도 말했지만 이 신용카드는 세계에서 최초로 발행된 전자화폐이며 무려 1950년에 등장했다. 세계 최초로 다이너스클럽 카드, 즉 신용카드가 생긴 1950년 당시에는 설마 오늘날의 전자상거래 대부분이 신용카드로 이루어지게 될 거라고는 예상치 못했을 것이다.

신용카드 거래와 비트코인 거래는 본질적으로 다르다. 신용카드 거래에서는 결제할 때 자신의 신용카드 정보를 상대에게 건네줘야 하고, 상대는 건네받은 정보를 이용하여 돈을 인출한다. 신용카드 소유자는 돈을 직접 지불하지 않는다. 소유자의 정보를 건네받은 인수자가 돈을 인출해 가는 지극히 간접적인 방식으로 결제가 이루어진다.

문제는 이런 신용카드 시스템에 굉장히 중요한 취약성이 들어 있다는 사실이다. 상대방에게 신용카드를 건넨 뒤 기계에 통과시키는 행위는 결국 신용카드 정보를 남에게 건네는 행위인지라 여기에 범죄자가 숨어들 틈이 생기고 만다. 미국에서는 국내총생산의 1%가 신용카드 범죄로 사라져버린다. 게다가 신용카드의 사용 범위를 국제 거래로 넓혀 보면 무려 2%가 불법 거래라고 한다.

비트코인 거래는 신용카드 거래와 전혀 다르다. 내가 다운로드한 비트코인 소프트웨어를 지갑이라고 부르는데, 비트코인 송금은 이것을 통해 진행된다. 송금 신호는 전부 암호화되어 하나하나 전자인증이 이루어지며, 수취인은 암호화된 송금 신호를 고스란히 건네받는다. 바꿔 말하면 내가 보낸 비트코인을 암호화된 상태 그대로 건네받기 때문에 중간 수수료를 착취당할 우려도 없거니와 수취인이 받은 비트코인보다 더 많은 금액을 인출할 수도 없다.

즉, 비트코인 시스템을 사용하면 지구상의 어느 지점에서 어느 지점으로 돈을 보내든 안전한 송금이 가능하다. 은행이 없는 정글 한복판에서도 개인 컴퓨터만 있으면 보내고자 하는 지점으로 순식간에 송금할 수 있으며, 그 사이에 범죄자나 해커 등 불법적 행위가 끼어들 여지는 전혀 없다.

비트코인은 결제 시스템에 일대 혁명을 불러올 것이다.

도표 6 | 비트코인을 사용할 수 있는 회사

WordPress.com	An online company allow user to create free blogs
Overstock.com	A company that sells big ticket items at lower prices dut to · overstocking
Subway	Eat fresh
Microsoft	Users can buy content with Bitcoin on Xbox and Windows store
Reddit	You can buy premium features there with bitcoins
Virgin Galactic	Richard Branson company that includes Virgin Mobile and · Virgin Alrline
OkCupid	Online dating site
Tigerdirect	Major electronic online retailer
Namecheap	Domain name registrar
CheapAir.com	Travel booking site for airline tickets, car rentals, hotels
Expedia.com	Online travel booking agency
Gyft	Buy giftcards using Bitcoin
Newegg.com	Online electronics retailer now uses bitpay to accept bitcoin as payment
1-800-FLOWERS.COM	United States based online floral and gift retailer and distributor
Fiverr.com	Get almost anything done for $5
Dell	American privately owned multinational computer technology company
Wikipedia	The Free Encyclopedia with 4 570 000+ article

Steam	Desktop gaming platform
The Internet Archive	web documataion company
Bitcoin.Travel	a travel site that provides accommodation, apartments, attractions, bars, and beauty salons around the world
Pembury Tavern	A pub in London, England
Old Fitzroy	A pub in Sydney, Australia
The Pink Cow	A diner in Tokyo, Japan
The Pirate Bay	BitTorrent directories
Zynga	Mobile gaming
Tesla	The car company
4Chan.org	For premium services
EZTV	Torrents TV shows provider
Mega.co,nz	The new venture started by the former owner of MegaUpload Kim Dotcom
Lumfile	Free cloud base file server-pay for premium services
Etsy Vendors	93 of them
PizzaForCoins.com	Domino's Pizza signed up-pay for their pizza with bitcoins
Whole Foods	Organic food store(by purchasing gift card from Gift)
Bitcoincoffee.com	Buy your favorite coffee online
Grass Hill Alpacas	A local farm in Haydenville, M

Jeffersons Store	A street wear clothing store in Bergenfield, N.J
Helen's Pizza	Jersey City, N.J., you can get a slice of pizza for 0.00339 bitcoin by pointing your phone at a sign next to the cash register
A Class Limousine	Pick you up and drop you off at Newark (N.J.) Airport
Seoclerks.com	Get SEO work done on your site chea
Mint.com	Mint pulls all your financial accounts into one place. Set a budget, track your goals and do more
Fancy.com	Discover amazing stuff, collect the things you love, buy it all in one place(Source: Fancy)
Bloomberg.com	Olinge newspaper
Humblebundel.com	Indie game site
BigFishGames.com	Games for PC, Mac and Smartphones(iPhone, Android, Windows)
Suntimes.com	Chicago based online newspaper
San Jose Earthquakes	San Jose California Professional Soccer Team(MLS)
Square	Payment processor that help small businesses accept credit cards using iPhone
Crowdtilt.com	The fastest and easiest way to pool funds with family and friends(Source: crowdtilt)
Lumfile	Sever company that offers free could-based servers
Museum of the Coastal Bend	2200 East Red River Street, Victoria, Texas 77901, USA
Home Depot	Office Supplies store
Kmart	Retail products store
Sears	Clothing and household products, electronic store

Gap, GameStop and JC penney	have to use eGifter.com
Etsy Vendors	Original art and Jewelry creations
Fight for the Future	Leading organization finding gor Internet freedom
i-Pmart (ipmart.com.my)	A Malaysian online mobile phone and electronic parts retailer
curryupnow.com	A total of 12 restaurants on the list of restaurants accept bitcoins in San Francisco Bay Area
Dish Network	An American direct-broadcast satellite service provider
The Libertarian Party	United States political party
Yacht	base.com-Croatian yacht charter company
Euro Pacific	A major precious metal dealer
CEX	The trade-in chain has a shop in Glasgow, Scotland that accepts bitcoin
Straub Auto Repairs	477 Warburton Ave, Hastings-on0Hudson, NY 10706-(914)478-1177
PSP Mobile	Dutch Oayment Sercive
Intuit	an American sofrware company that develops financial and tax preparation software and related services for small businesses, accountants and individuals.
ShopJoy	An Australian online retailer that sells novelty and unique gifts
Lv.net	Las Vegas high speed internet services
ExpressVPN.com	High speed, ultra secure VPN network
Grooveshark	Online music streaming service based in the United States
Braintree	Well known payments processor

MIT Coop Store	Massachusetts Institute of Technology student bookstore
SimplePay	Nigeria's most popular web and mobile-based wallet service
SFU bookstore	Simon Fraser University in Vancouver, Canada
State Republican Party	First State Republican Party to accept bitcoin donations(http://www.lagop.com/bitcoin-donate)
mspine.com	Respiratory medical equipment supplies store
Shopity.com	An omline store that allows anyone to sell their products
Famsa	Mexico's biggest retailer
Naughty America	Adult entertainment provider
Mexico's Universidad de las Americas Puebla	A major university in Mexico
LOT Polish Airlines	A worldwide airline based in Poland
MoveieTickets.com	Online relationship service
Lionsgate Films	The production studio behind titles such as The Hunger Games and The Day After Tomorrow
Rakutan	A Japanese e-commerce giant
Vadoo	Online dating networ
RE/MAX London	Uk-based franchisee of the global real estate network
T-Mobile Poland	T-Mobile's Poland-based mobile phone top – up company
Sripe	San Francisco-based payments company
Webjet	Online travel agency
Green Man Gaming	Popular digital game reseller

Save the Children	Global charity organization
NCR Silver	Point of sales systems
One Shot Hotels	Spanish hotel chain
Coupa Cafe in Palo Alto	

유명한 곳으로는 서브웨이, 마이크로소프트, 델컴퓨터, 위키페디아, 징가(Zynga, ZNGA), 테슬라모터스, 홀 푸드(Whole Foods)가 운영하는 슈퍼마켓, 온라인 신문 블룸버그닷컴(Bloomberg.com), 홈 데포(Home Depot), 미국의 케이마트, 미국 유통업체 시어스(Sears) 등이 있다.

도표 7 | 비트코인으로 결제할 수 있는 온라인 숍

영국 온라인 숍 중에서 비트코인을 결제 수단으로 인정하는 곳은 아래와 같다.
(http://www.wheretospendbicoins.co.uk/)

Gift Off	Production Attic
CJS CD Keys	Deed Poll Name Change
The Seebos Company	Cex Bootle
Private Internet Access	Surrey PC Services
Cex Leicester Phone Exchange	Print 2 Media
Phskin Cosmetic Clinic	Poly in Pictures
CeX Kingson	CeX Sutton Coldfield

영국 온라인 숍 중에서 비트코인을 결제 수단으로 인정하는 곳은 아래와 같다.
(http://www.wheretospendbicoins.co.uk/)

Target	PayPal	Sears	Whole Foods
CVS	Expedia	Apple Store	GAP
Subway	Home Depot	DELL	JC Penney
Victoria's Secret	Kmart	Zappos.com	Domino Pizza

일본에서도 가속화하는
블록체인의 물결

———

이쯤에서 일본의 비트코인 현황을 간단히 소개하겠다.

2016년 4월 28일, 일본 경제산업성[56]은 비트코인을 비롯한 가상화폐 등에 이용되는 기술인 블록체인에 대한 조사보고서를 정리했다. 이 보고서에 따르면 블록체인은 유통관리 및 토지등기와 같은 분야에서 사용될 것으로 예상되며 잠재적인 일본시장 규모는 67조 엔이라고 한다. 경제산업성도 블록체인의 중요성을 인식하고 금융정책 등에 활성화할 필요가 있다고 생각하는 모양이다.

이보다 며칠 앞선 2016년 4월 25일에는 일본 내 최초의 블록체인업계 단체인 블록체인추진협회(BCCC)가 발족했다. 일본 마이크로소프트를 포함하여 데이터센터를 운영하는 사쿠라인터넷(http://www.sakura.ne.jp), 그 밖에 다른 대기업까지 총 30곳의 회사가 참가하는 협회다. 발기 멤버는 인포테리아(https://www.infoteria.com/jp), 테크뷰로(http://techbureau.jp), 커런시포트(http://www.ccyport.com/)라는 IT기업이다.

---

56) 경제산업성(経済産業省): 일본의 행정기관.

이미 비슷한 시기에 룩셈부르크에서는 비트코인이 공인된 사경실을 떠올리면 일본은 그저 뒤쫓아 가기 바쁘다는 인상을 떨치기 어렵지만, 우리도 이제 비트코인과 그중 핵심 기술인 블록체인의 중요성을 깨닫고 세계를 따라잡으려는 움직임을 시작했다.

일본에서 가장 먼저 블록체인 실용화에 착수한 곳은 소니다. 소니는 2015년 봄에 소니 글로벌 에듀케이션(https://www.sony ged.com/ja)이라는 교육 관련 회사를 설립하여 개인의 시험 결과를 공개적으로 안전하게 관리할 수 있는 시스템을 제작했고 2016년부터 운영 중에 있다. 매사추세츠 공과대학 등에서도 주목한 이 기술은 조작 불가능이라는 블록체인의 특성을 잘 살린 아이디어라고 할 만하다.

2017년에는 정보 시스템을 개발하는 스마트밸류(https://www.smartvalue.ad.jp)가 블록체인을 활용한 데이터 관리 서비스를 시작했다. 스마트밸류는 자전거 주행기록과 식품 생산이력을 관리하는 시스템에 블록체인을 응용했다.

비트코인 보급도 확대되어 2016년 5월에 일본에서 비트코인 결제가 가능한 점포 수는 약 1,400개였던 데 비해 연말에는 4,200개로 늘어났다. 한 해 동안 세 배쯤 확대되었으니 2017년에는 다섯 배가량 확대되어 점포 수는 20,000개를 넘어설 것으로 예상된다(니혼게이자이신문, 2017년 3월 24일 자 참고).

2017년 4월에는 도내 2곳뿐이라고는 하나 빅카메라 같은 대형 점포에서도 비트코인 사용이 가능해졌다. 참고로 일본에서 비트코인 통신판매 사업에 제일 먼저 착수한 곳은 비트코인 매매의 큰손인 비트플라이어(https://bitflyer.jp)라는 기업이며, 이 역시 2017년 4월의 일이다.

이밖에도 2016년 4월에는 질문 사이트를 운영하는 일본의 오케이웨이브(https://www.okwave.co.jp)가 미국에서 스마트폰용 비트코인 어플리케이션을 제공하는 브레드월렛(https://breadwallet.com)과 제휴했고 6월에는 금융IT기업인 코인(https://coin.z.com)이 인터넷기업 및 금융기관용 비트코인 거래 시스템을 제공하는 서비스를 시작했다. 블록체인추진협회의 발기인이기도 한 오사카의 테크뷰로는 2016년부터 비트코인 등의 가상화폐 발행을 지원하는 자이카(Zaica) 서비스를 개시하기도했다. 자이카는 블록체인상에서 전자트레이딩카드와 티켓 따위를 발행한다.

그리고 롯폰기의 해커스 바(Hackers Bar)에서는 음식값을 비트코인으로 낼 수 있다. 고객이 스마트폰을 이용해 QR코드로 적힌 요금을 읽으면 결제가 이루어진다. 미라이종합법률사무소처럼 변호사 비용을 비트코인으로 지급할 수 있는 곳도 등장하고 있다.

일본에서 비트코인으로
선수를 친 기업

——

현재 일본에서 비트코인 거래를 추진하는 기업으로는 앞서 언급한 비트플라이어와 2017년부터 명칭을 코인체크(https://coincheck.com/ja)로 변경한 구 레주프레스를 꼽을 수 있다. 코인체크는 초등학생 시절부터 천재 프로그래머라고 불린 와다 고이치로가 도쿄 공과대학 재학 중에 설립한 기업이다.

코인체크는 전력자유화[57]와 발맞춰 비트코인을 이용한 전기료 징수 서비스를 개시하고, 일본 최초의 전력 소매로서 비트코인에 근거한 공공요금 결제 서비스를 시작했다. 엘피가스 판매를 시작으로 전력사업에 참가한 미쓰와산업의 가맹자를 대상으로 한 서비스다. 이에 대항할 목적인지 닛폰가스에서도 비트코인 결제를 개시했다. 가스요금을 비트코인으로 납부하면 매년 1,200엔씩 할인을 받는다고 한다.

또한 코인체크는 스마트폰을 이용해 비트코인으로 비자의 선불카드를 충전하는 서비스도 개시했다. 비트코인이 입금되는 시점에 엔으로 환전해 주기 때문에 점포에서는 대금을 엔으로 받

---

57) 전력자유화: 발전과 송·배전 업무를 민간 기업에 개방하여 전기의 도·소매를 허용하는 제도.

을 수 있다.

한편 비트코인 거래업계에서 가장 큰손인 비트플라이어는 골드만삭스증권 출신의 가노 유조가 설립한 기업이다. 이미 일본 내 비트코인 거래시장의 70%를 점유했고, 이용자가 30만 명이 넘는다. 월간 거래액은 최대 1,000억 엔 이상이라고 한다. 비트플라이어는 미쓰이스미토모해상화재보험과 협력하여 일본 최초로 가상화폐 문제를 보상하는 보험을 2016년 11월부터 판매하기 시작했다. 이로써 만약 데이터 유출이나 해킹 피해가 발생하더라도 대처할 수 있게 되었다. 직원의 불법행위로 인한 피해 등도 보상 대상에 포함된다.

일본의 금융업계는 세계를 따라가지 못하고 있다!

일본 금융업계의 동향은 어떨까?

나는 2016년 5월 미즈호은행 도쿄에키야에스구치 지점 출구 쪽에 있는 핀테크 코너를 이용해 본 적이 있다. 직접 가서 보니 이곳은 진열된 금융 상품을 스마트폰으로 다운로드하는 수준에 불과했다. 특별한 점은 소프트뱅크의 로봇 상품인 페퍼(Pepper)가 안내해 주었다는 것뿐, 정작 서비스 되고 있는 실제 모습은 세계 흐름에 역행하는 모양새였다.

미쓰비시도쿄(UFJ)은행은 MUFG코인이라는 가상화폐를 2017년을 목표로 발행하겠다고 발표했다. MUFG코인은 블록체인을 응용한 가상화폐이기는 하나 자세히 뜯어보면 계좌에 있는 예금을 '1엔=1코인'의 형태로 바꿔 스마트폰에 입금하는 구조이다. 다시 말해 '엔을 전자화'했을 뿐이라서 정부가 발행하는 국가화폐의 테두리 밖에 존재하는 가상화폐와는 본질적으로 다르다. 이용자끼리 송금하는 벤모나 엠페사와 닮기는 했지만 그들처럼 은행 계좌 없이도 송금이 가능한지, 수수료는 얼마나 싼지 등을 살펴보면 보통의 포인트 제도나 다름없어 보인다.

미즈호파이낸셜그룹도 일본 아이비엠과 제휴하여 미즈호머니라는 가상화폐를 개발했다. 비단 대형 은행뿐이 아니다. 시마네현 마쓰에 시에 있는 산인합동은행에서도 고긴코인이라는 가상화폐를 개발하는 중이다. 이외에도 많은 시도를 하고 있지만 은행의 시도란 단순히 은행 계좌에 있는 '엔을 전자화'하는 테두리에서 벗어나지 않는다.

일본은행이 핀테크 센터를 설치하고, 도시은행을 비롯해 지방은행이 블록체인 및 가상화폐 연구를 활발하게 시작한 때가

2016년 4월이다. 시작부터가 미국과 유럽 제국은 고사하고 아시아 국가들에게도 뒤처졌다. 일본은행이 미국·유럽의 중앙은행과 블록체인 공동연구를 시작한 시기도 2016년 말이 되고부터인데, 이름이 좋아 공동연구이지 사실상 일본은행이 가르침을 받는 연구다.

일본의 재무성과 금융청은 비트코인 등의 가상화폐에 붙는 소비세를 2017년에 없애려고 하는 중이다. 현재 G7(프랑스, 미국, 영국, 독일, 일본, 이탈리아, 캐나다)에 속하는 국가 중에서 비트코인에 소비세를 부과하는 곳은 오로지 일본밖에 없다. 국경을 초월한다는 것이 비트코인의 본질인데 이것에 소비세를 부과한다는 발상은 어리석을 뿐이다.

2016년 11월에는 아시아의 핀테크 중심지인 싱가포르의 통화청이 주도하는 가상화폐 실험에 뱅크오브아메리카, 메릴린치금융회사, 크레디트스위스, 홍콩·상하이은행 등등과 함께 일본의 미쓰비시UFJ파이낸셜그룹도 참가했다. 자금세탁 감시나 해킹 방지와 같은 문제에 공동으로 대응하자는 실험인데, 기술적으로나 사고방식이나 싱가포르보다 뒤처진 일본이 그 차이를 얼마나 만회할 수 있을 것인가. 자칫하다가는 현재 세계 흐름에 대한 낮은 의식수준이 일본 경제를 떨어뜨리는 일까지 이어질지도 모른다.

삿포로는 룩셈부르크나
추크처럼 될 수 있을까?

———

일본에서 2017년 2월부터 홋카이도를 블록체인 개발의 거점으로 육성하려는 움직임이 눈길을 끌고 있다. 이 작업은 삿포로 시에 본사를 둔 시스템 개발 기업인 인디테일(https://www.indetail.co.jp)의 호소에 삿포로 시의 다른 두 회사인 바너드소프트(https://www.barnardsoft.co.jp)와 에스오시(http://www.socnet.jp)가 호응하여 사무 제휴를 맺음으로써 시작된 프로젝트다. 프로젝트의 목적은 블록체인 관련 기술을 공유하고, 이 분야의 인재를 도내에서 육성하는 데 있다. 여기에 지역 진흥이라는 목적도 겸하여 많은 기업의 참가를 유도하고 있다.

발기인인 인디테일의 쓰보이 다이스케 사장은 "블록체인이라고 하면 홋카이도가 떠오르는 상황을 만들고 싶다"라고 말한다. 세 곳의 회사만으로도 이미 400명에 육박하는 엔지니어가 모였을 텐데, 2017년 내에 엔지니어를 1,000명까지 배출하겠다는 육성 프로그램을 짰다. 이와 동시에 아직은 지명도가 낮은 블록체인에 대한 관심을 촉구하고자 블록체인을 이해하기 쉽게 설명하는 블록체인기술정보(https://blockchain-jp.com)라는 사이트도 개설했다.

삿포로는 지방 도시치고는 IT계 기업이 꽤 많아서 룩셈부르크나 스위스의 추크 지방과 환경이 비슷한 면이 있다. 문제는 미래다. 앞으로 삿포로에 얼마나 많은 기업이 모일까? 과연 세계의 기업이 삿포로를 찾아올까?

룩셈부르크와 추크는 단순히 개발자와 기술자가 많은 곳이 아니다. 벤처기업 투자전문가도 집중되어 있다. 일본과 비교하면 세금부터가 싼 데다 보조금과 세금 우대책 등이 스타트업 기업에게 우호적인 환경으로 조성된 곳이다. 도시 안에 비트코인이 사용되는 가게가 많고, 나아가서는 비트코인 자동인출기까지 존재하는 등 공공기관을 비롯해 주민에게도 널리 이해받고 있다. 이만한 배경이 준비되지 않으면 웬만해서는 세계의 기업을 사로잡지 못하리라. 더욱이 스위스와 룩셈부르크는 세계 금융의 일대 거점으로서 흡수한 노하우와 인재가 축적된 국가다. 부절을 사용한 역사도 있다.

삿포로가 약진하려면 이런 모자람을 극복할 만큼의 이해가 시와 도는 물론 국가적 차원에서 반드시 선행되어야 한다.

사토시
나카모토의
정체

비트코인은 대헌장에
필적한다

──────

　피아트커런시(fiat currency)는 일본 경제용어로 흔히 '불환화폐[58]'라고 번역되지만 엄밀히 말해 이것은 틀렸다. 설령 금과 교환되는 화폐일지라도 국가가 발행하는 화폐는 강제화폐에 불과하다. 국가 마음대로 교환 비율을 좌우할 수 있기 때문이다.

　'피아트(fiat)'라는 영어 단어에는 '강제, 강요, 일방적인'이나 '권위가 부여된'이라는 뜻이 있다. 이 책에서 나는 정부가 발행하

──────

58) 불환화폐(不換貨幣): 정화(正貨, 금화처럼 환율에 상관없이 국제적으로 유통되는 화폐)와 바꿀 수 없는 화폐.

는 화폐를 전부 국가화폐라고 정의했다. 어쩌면 피아트커런시는 단어 그대로 '강제화폐, 강요화폐, 강권화폐'라고 번역하는 편이 가장 나을지도 모른다. 그렇다면 비트코인은 '자치화폐, 시민화폐'라고 불러도 괜찮지 않을까?

블록체인과 분산장부 시스템 같은 단어로 표현되는 정보통신기술(IT)은 지금 런던이라는 도시와 월스트리트, 룩셈부르크, 스위스에서 가장 뜨거운 관심을 받는 기술이다. 블록체인은 바로 그 중심에 있다.

나는 이 책을 쓰면서 '이건 보통 일이 아니다. 세계에 혁명이 일어날 수도 있다'라는 느낌을 받았다. 세계에 혁명이 일어날 수도 있겠다고 느낀 이유는 대형 은행, 대형 증권사, 정부의 존재 의미가 사라질 것이기 때문이다. 특히 정부는 그 규모가 현재의 10분의 1로 축소될 것이다.

지금까지 몇 백만 명의 관광서 직원이 필요하다고 했던 자본주의 선진국들은 직원 수를 약 10분의 1까지 감축할 수 있게 된다. 정부가 시민에게 제공하는 행정 서비스 전반이 블록체인으로 대체되는 까닭이다. 연금, 사회보장, 의료보험, 각종 정부자금 원조, 공적 원조, 정부가 보증하는 토지등기며 권리이전, 특허, 상표 등등 행정 기록과 관련된 업무 및 직원 역시 불필요해진다. 흡사 현재는 고속도로 통행료를 징수하는 인원이 거의 사라진 것과 같은 현상이 일어난다는 뜻이다.

은행 예금과 송금도 쓸모가 없어진다. 증권사도 구태여 거대 시스템을 떠안을 필요가 없으니 블록체인으로 대신한다. 이제 은행이든 증권사든 지금과 사뭇 다른 모습이 된다. 거대 시스템 또는 거대 서버 독점에 따른 사업 독점이 불가능해지고, 개개인이 블록체인을 통해 필요한 업무를 스스로 처리하는 날이 도래할 것이다. 이런 점 때문에 영국 정부는 이것을 대헌장과 동격으로 여긴다.

대헌장이 서양 시민사회에 불러온 변혁이란 무엇인가.

대영 박물관에서 실물을 보관 중인 대헌장이 세상에 생겨난 때는 800년 전. 우리가 지금 누리고 있는 민주주의의 기초를 닦았다고 일컬어지는 대헌장은 시민사회에 필요한 자유와 권리를 처음으로 높게 칭송한 문서이자 영국 국왕이 시민에게 자유와 권리를 보장하겠다고 약속한 문건이다. 요컨대 근대사회의 시민자유와 기본인권이라는 개념이 바로 여기에서 비롯되었을 만큼 대헌장은 획기적이었다.

비트코인의 기초인 블록체인은 이에 필적하는 사회변혁을 불러올 기술이 될 것이다. 정보를 빅 데이터화하여 집중 관리하는 국가 경영자와 권력자의 손에서 다시 한 번 시민의 자유와 권리 그리고 사생활을 되찾아 줄 도구이기 때문이다. 블록체인을 사용하면 시민은 국가가 관리하는 빅 데이터의 손을 빌리지 않고 직접 업무를 해결할 수 있다.

일본인은 비트코인이 그저 일시적으로 유행하는 상품에 지나지 않는다고 생각하는 것 같다. 하지만 비트코인 시스템을 발표한 '사토시 나카모토'라는 존재의 정체를 알아차리고 나면 절대 그렇지 않다는 점을 즉시 깨닫게 된다.

사토시 나카모토라는 기관은 전 세계 사람들이 사토시 나카모토의 정체를 모르는 채로 비트코인에 달려들어서 그것이 보급되기를 바란다. 그래야 해당 기관이 소속된 강대국에 이득이기 때문에 가짜 이름으로 기술을 공개했다.

사토시 나카모토의 정체와 의도

JP모건, 체이스은행 등등 세계 최대급 은행의 데이터센터는 완벽하게 통제된 방대한 서버에 의해 집중 관리된다. 반면 비트코인은 전 세계에 분산된 몇백만 대의 컴퓨터가 공유하는 네트워크 시스템이다.

은행이나 비자, 마스터 같은 신용카드 업체는 중앙 데이터베이스 속에 해킹과 불법 행위를 차단하는 시스템을 보유하고 있다. 필시 시스템을 구축하는 데 몇백억은 들었을 테고, 유지하는 데도 만만치 않은 비용이 들어간다. 그야말로 돈을 쏟아부어서 데이터센터를 보호하고 있지만 그럼에도 방어가 100% 완벽하다고는 말하기 어렵다. 고도의 해킹 기술을 가진 국가기관이 불법으로 침입하면 막지 못할뿐더러 접근 권한을 가진 내부인의 불법 행위도 피하지 못한다.

그에 반해 비트코인 시스템은 해킹이 전혀 불가능하다. 데이터가 지구 규모로 분산되어 있어서 그것을 다 파괴하려면 지구 자체를 파괴해야 하니 말이다. 게다가 누구나 일정액을 투자하여 개인 컴퓨터로 다운로드까지 할 수 있다. 단언컨대 비트코인은 화폐 역사상 가장 위조하기 어려운 화폐다. 위조가 얼마나 까다로운지 그 난이도가 본문에서 설명한 부절 제도와 맞먹을 정도다.

따지고 보면 화폐란 중앙은행 서버에서 관리하는 데이터화된 번호를 기록한 것에 불과하다. 이 기록이 제도로 성립되었기에 화폐가 화폐로서 기능할 따름이다. 한편 블록체인에 근거한 비트코인은 소프트웨어와 채굴 전용 컴퓨터를 구입하면 비록 3년간 머리를 쥐어짜야 할지언정 누구나 채굴할 수 있다. 즉, 비트코인은 개인 발행이 가능한 화폐다. 국가가 아닌 개인이 스스로 발행할 수 있는 화폐가 탄생했다고나 할까? 아니다. 탄생했다는 표현은 틀렸다. 인류 역사에는 개인이 발행하는 화폐의 역사가 이미 장기간 존재한다. 제2장에서 소개한 영국의 부절이 여기에 해당한다.

12세기 영국 왕실은 사람들이 고안한 부절을 보고 '이것 참 편리하군!' 하며 달려들었다. 정권의 주인은 부절을 징세 수단으로 사용하기 시작했고, 나중에는 '미래의 세수입'이라는 신용을 바탕으로 영국 국왕이 발행하게 되었다. 이것은 시간이 지날수록 지폐 형태로 바뀌었다. 부절과 지폐 발행을 독점하려면 아무래도 위조지폐와 위조부절을 단속해야 한다. 그래서 권력자들은 위조화폐를 방지할 만한 기술을 열심히 궁리했다. 궁리 끝에 고도의 인쇄술을 도입했고, 이때 개발된 인쇄술이 현재의 지폐로 이어졌다. 오늘날 인쇄술을 소유한 곳은 조폐공사로 당대의 정권은 이를 엄중히 관리한다.

하지만 아무리 철저하게 관리해도 위조지폐는 다람쥐 쳇바퀴 돌 듯 끊임없이 나온다. 그런데 거듭 말하지만 블록체인을 쓰는 비트코인은 위조가 거의 불가능하다.

비트코인을 개발한 사토시 나카모토는 이것이 어떻게 활용될지, 그러니까 스탠포드 대학이나 매사추세츠 공과대학, 케임브리지 대학 등을 나온 컴퓨터 천재들이 이것을 어떻게 개발할지 궁금했을 것이다. 아니나 다를까 기대대로 전 세계의 천재 기술자들이 비트코인에 뛰어들었다. 범죄자 집단이며 테러리스트도 예상대로 덤벼들었다.

불량국가[59]와 범죄자 집단, 테러리스트는 비트코인으로 돈세탁, 위조지폐 제작, 해킹, 테러자금 세탁이 가능하다고 믿겠지만 천만의 말씀이다.

비트코인을 개발한 사토시 나카모토는 관련 범죄자며 테러리스트의 자금 동향을 특정할 수 있는 기술을 지니도록 했다. 현실에서 범죄자는 사토시 나카모토의 기술을 이용해 특정된 뒤 체포되어 교도소에 들어갈 운명이다. 불량국가와 테러리스트의 돈세탁도 몰래 감시하고 있을 것이다. 실제로 그 기술을 보유한 국가의 별도 기관(국가안전보장국)은 은밀히 국제송금시스템 스위프트에 잠입하여 테러 자금의 움직임을 조사했다는 사실이 2017년 4월에 누설되기도 했다.

호주는 사토시 나카모토라는 사람 혹은 기관이 있는 곳이며 세계 최대의 유통을 자랑하는 지폐를 발행하는 국가이기도 하

---

59) 불량국가(rogue state): 자유민주주의와 세계평화, 공존을 위협하는 국가들을 지칭하고자 미국이 만들어 낸 용어. 흔히 미사일 발사, 테러 위협 등과 연관된 국가를 통칭한다.

다. 호주는 조만간 가상화폐가 지폐를 대체하리라 예상하고, 가상화폐의 근원을 제대로 확보하여 블록체인 기술을 독점할 작정이다. 그들은 "화폐 발행을 독점하는 자가 지배 지역을 넓힐 수 있다"라는 예로부터 내려온 철칙을 따르고 있는 것이다.

국가가 관리하는 화폐에는 종언의 시기가 온다

비트코인이라는 발상의 근원에는 영국이 만든 부절제도가 있다. 영국이 지금 룩셈부르크, 스위스와 어깨를 나란히 하며 비트코인 트라이앵글을 형성한 이유는 그러한 역사적 우위를 지닌 덕분이다. 호주는 일찍이 영국의 부하 격이었지만 이제는 두목이 되었다. 이 또한 역사적 필연이라고 말할 만하다.

영국의 부절제도는 1834년까지 약 700년이라는 긴 기간에 걸쳐 사용되었다. 그러다가 마침내 영국에서 부절이 폐지되는 날이 왔다. 영국 의회는 국회의사당(웨스트민스터 궁전)의 난로를 이용해 전국에서 모은 부절을 소각하기로 결정하고 이를 실행했는데, 난로에서 튄 불씨로 인해 영국 국회가 불타는 대참사가 발생했다. 이 사건은 세계적으로 유명한 영국 소설가인 찰스 디킨스도 기록한 바 있다.

영국 왕실이 발행하는 부절은 '왕실부절(royal tally)'이라고 불렸다. 재정 곤궁에 처한 영국왕실은 왕실부절을 지나치게 찍어대서 결국은 '왕관 빚'이라고 조롱받을 만큼 값어치가 떨어졌다. 17세기 말, 상황을 개선하기 위해 영국에서는 세계에 앞서 중앙은행을 설립하기에 이른다. 이즈음 왕실부절은 액면가의 절반 이하로 가치가 폭락한 상태였다.

스위스에서는 영국보다 오래 20세기까지 부절제도가 통용되었다. 스위스도 영국처럼 비트코인 트라이앵글이 될 만한 역사적 배경을 가졌다는 소리다. 왜냐하면 부절이야말로 블록체인의 원형이기 때문이다. 장부를 둘로 쪼개 분산하는 것이 부절이라면, 블록체인은 두 개를 넘어 몇만 개로 쪼개는 기술이다. 부절은 칼로 두 조각을 낸 분산장부고, 블록체인은 컴퓨터 알고리즘으로 몇만 조각을 낸 분산장부다. 부절제도가 유독 발달했던 영국과 스위스 그리고 이제 영국 치하에서 벗어나 두목이 된 미국이 블록체인의 중심이 된 이유는 부절이라는 분산장부를 사용한 역사가 존재하는 까닭이다.

인명

기관명, 단체명, 은행명

브랜드명, 기업명

기타 고유명사(시대, 사건, 화폐, 도서, 영화 등등)

《보통명사》

비트코인이
금화가 된다

초판 1쇄 발행 · 2017년 10월 30일
초판 7쇄 발행 · 2018년   1월 18일

지은이 · 이시즈미 간지
옮긴이 · 이해란
펴낸이 · 이종문(李從聞)
펴낸곳 · (주)국일증권경제연구소

등록 · 제406-2005-000029호
주소 · 경기도 파주시 광인사길 121 파주출판문화정보산업단지(문발동)
영업부 · Tel 031)955-6050 | Fax 031)955-6051
편집부 · Tel 031)955-6070 | Fax 031)955-6071

평생전화번호·0502-237-9101~3

홈페이지 · www.ekugil.com
블로그 · blog.naver.com/kugilmedia
페이스북 · www.facebook.com/kugillife
E-mail · kugil@ekugil.com

• 값은 표지 뒷면에 표기되어 있습니다.
• 잘못된 책은 바꾸어 드립니다.

ISBN 978-89-5782-118-3(03320)